New Zealand Dinner-Dance
Friday, March 26th, 1982

RIDEAU CLUB
MEMBERSHIP
ROLL BOOK

Dinner
in honour of
His Excellency, The Right Honourable
Edward Schreyer
C.C. C.M.M. C.D.
Governor General of Canada

SAVOIR FAIRE, SAVOIR VIVRE  SAVOIR FAIRE, SAVOIR VIVRE

# SAVOIR FAIRE, SAVOIR VIVRE

*Rideau Club*

1865–2015

# SAVOIR FAIRE, SAVOIR VIVRE

*Rideau Club*

1865–2015

BY CHRISTOPHER McCREERY, MVO

---

RIDEAU CLUB EDITOR NEVILLE NANKIVELL

---

FRENCH TRANSLATION BY RACHEL MARTINEZ

---

FOREWORD BY NORMAN SABOURIN

PAR CHRISTOPHER McCREERY, MVO

---

COORDONNATEUR DE L'ÉDITION POUR LE
RIDEAU CLUB : NEVILLE NANKIVELL

---

TRADUCTION FRANÇAISE DE RACHEL MARTINEZ

---

AVANT-PROPOS PAR NORMAN SABOURIN

DUNDURN
TORONTO

Editor: Michael Melgaard
Interior Design: Kim Monteforte, WeMakeBooks.ca
Cover Design: Jesse Hooper
Front cover image: © Rideau Club
Back cover photo: © Gordon Metcalfe
Author photo: © Paul Darrow
Printer: TC Interglobe

**Library and Archives Canada Cataloguing in Publication**

McCreery, Christopher, author

Savoir faire, savoir vivre : Rideau Club, 1865-2015 / Christopher McCreery.

Includes bibliographical references and index. Issued in print and electronic formats. Text in English and French.

ISBN 978-1-4597-1756-5 (bound)
ISBN 978-1-4597-1757-2 (pdf)
ISBN 978-1-4597-1758-9 (epub)

1. Rideau Club—History. 2. Clubs—Ontario—Ottawa—History. I. Title.

HS2735.O88R522 2014          367'.971384          C2014-902943-8E
C2014-902944-6 E

1   2   3   4   5          18   17   16   15   14

We acknowledge the support of the **Canada Council for the Arts** and the **Ontario Arts Council** for our publishing program. We also acknowledge the financial support of the Government of Canada through the Canada Book Fund and Livres Canada Books, and the **Government of Ontario** through the **Ontario Book Publishing Tax Credit** and the **Ontario Media Development Corporation**.

Care has been taken to trace the ownership of copyright material used in this book. The author and the publisher welcome any information enabling them to rectify any references or credits in subsequent editions.

*J. Kirk Howard, President, Dundurn Press*

The publisher is not responsible for websites or their content unless they are owned by the publisher.

Printed and bound in Canada.

---

Éditeur : Michael Melgaard
Conception graphique de l'intérieur : Kim Monteforte, WeMakeBooks.ca
Conception e la couverture : Jesse Hooper
Photographie sur la couverture : © Rideau Club
Photographie de la couverture arrière : © Gordon Metcalfe
Photo de l'auteur : © Paul Darrow
Imprimeur : TC Interglobe

**Catalogage avant publication de Bibliothèque et Archives Canada**

McCreery, Christopher, auteur

Savoir faire, savoir vivre : Rideau Club, 1865-2015 / Christopher McCreery.

Comprend des références bibliographiques et un index. Publié en versions imprimée et électronique. Texte en français et en anglais.

ISBN 978-1-4597-1756-5 (relié)
ISBN 978-1-4597-1757-2 (pdf)
ISBN 978-1-4597-1758-9 (epub)

1. Rideau Club—Histoire. 2. Clubs—Ontario—Ottawa—Histoire. I. Titre.

HS2735.O88R522 2014          367'.971384          C2014-902943-8F
C2014-902944-6F

1   2   3   4   5          18   17   16   15   14

Nous remercions le **Conseil des Arts du Canada** et le **Conseil des Arts de l'Ontario** de l'aide accordée à notre programme de publication. Nous reconnaissons aussi l'aide financière du gouvernement du Canada par l'entremise du Fonds du livre du Canada et Livres Canada Books, ainsi que l'aide financière du **gouvernement de l'Ontario** par **l'entremise du crédit d'impôt pour l'édition de livres** et de la **Société de développement de l'industrie des médias de l'Ontario** pour nos activités d'édition.

Des mesures ont été prises afin d'identifier les propriétaires du matériel protégé par copyright qui figure dans cet ouvrage. Le cas échéant, l'auteur et les éditeurs accueilleront toute information leur permettant de rectifier les références ou les mentions de provenance dans des éditions subséquentes.

*J. Kirk Howard, président, Dundurn Press*

L'éditeur n'est pas responsable des sites Internet ou de leur contenu à moins qu'ils ne soient propriétés de l'éditeur.

Imprimé et relié au Canada

---

VISIT US AT  |  VISITEZ-NOUS AU

*Dundurn.com  |  @dundurnpress | Facebook.com/dundurnpress  |  Pinterest.com/dundurnpress*

Dundurn
3 Church Street, Suite 500
Toronto, Ontario, Canada
M5E 1M2

## DEDICATION

Marking its 150th anniversary, this history of the Rideau Club in Ottawa is dedicated to its founders and those members who followed their example by contributing in a positive way to all aspects of Canadian life. The Club's motto — Savoir Faire, Savoir Vivre — epitomizes its purpose by encouraging members to act right and live right, and by fostering a sense of common fellowship and belonging.

## DÉDICACE

Rédigé en vue de souligner le 150e anniversaire du Rideau Club, cet ouvrage est dédié à ses fondateurs et aux membres qui ont suivi leur exemple en contribuant à différents aspects de la société canadienne. La devise du Club — Savoir faire, savoir vivre — illustre parfaitement sa mission qui consiste à inciter ses membres à bien se comporter et à bien vivre, et à leur offrir un cadre de qualité propice à la camaraderie et à un sentiment d'appartenance.

*"Next to Parliament itself the Rideau Club is one of the permanent institutions of this country.... It has been in existence for years and has grown greater with time. It has played an important part in our national life."*

— MONTREAL STANDARD
13 MARCH 1909

*"At the present time it seems that everything is cooked in the Rideau Club and that the council room in the East Block is just a pantry and that this chamber [the House of Commons] is a cafeteria for the queer ideas of our intelligentsia."*

— HOUSE OF COMMONS DEBATES
JEAN-FRANÇOIS POULIOT, MP
4 JUNE 1942

*« Comme le Parlement lui-même, le Rideau Club est une des institutions permanentes de ce pays. [...] Il existe depuis des années et s'est développé au fil du temps. Il joue un rôle important dans la vie de notre pays. »*

— MONTREAL STANDARD
LE 13 MARS 1909

*« Il semble qu'actuellement tout se cuit au club [sic] Rideau et que la salle du conseil dans l'édifice de l'est n'est qu'un garde-manger, et que la chambre est le cafeteria [sic] où l'on sert les idées étranges de notre élite intellectuelle. »*

— JEAN-FRANÇOIS POULIOT, DÉPUTÉ,
LORS DE DÉBATS À LA CHAMBRE DES COMMUNES
LE 4 JUIN 1942

# Table of Contents  Table des matières

## AUTHOR'S NOTE

In the writing of this work commissioned by the Rideau Club, the author was given full access to all relevant documents still in the possession of the Club and also those related to the Club held at Library and Archives Canada. The facts used by the author have been verified from official sources, but he was left free to select and arrange the material. The inferences drawn and opinions expressed are those of the author himself.

## MESSAGE DE L'AUTEUR

Au cours de la rédaction de cet ouvrage, l'auteur a eu accès à tous les documents pertinents dans les archives du Rideau Club et de Bibliothèque et Archives Canada. Les faits mentionnés par l'auteur ont été vérifiés dans des sources officielles, mais il a sélectionné et organisé ces renseignements à son gré. Ses réflexions et opinions sont entièrement personnelles.

# FOREWORD

To mark the Rideau Club's 150th anniversary in 2015, this book, written by historian Christopher McCreery, tells the story in text and images of the Club's rich history and how its members rose to the challenges of ever-changing times.

The Rideau Club predates Confederation. Just like the union that established the Dominion of Canada, it was a co-operative initiative between anglophones and francophones sparked by its co-founders Sir John A. Macdonald and Sir George-Étienne Cartier.

The story began when the Club put down roots in Ottawa in sight of the newly built Parliament buildings. Eventually, the Club became a home away from home for politicians, business people, senior public servants, military officers, and other eminent citizens who contributed so much to Canada's progress. At the same time, these personalities gave the Club its essential character.

Yet the Club was disturbingly slow to open up membership to those of Jewish faith and to women. It was not until the end of the 1970s that the Club welcomed its first woman member. Those stumbling blocks are now well behind us, and the future looks sound. The Club is well positioned to flourish and remain a vibrant institution that serves its members and fosters the exchange of ideas on national issues.

What comes through strongly in this book celebrating our 150th anniversary is the deep attachment of members and staff to the Club as an oasis of fellowship, informed thought, and privacy. The Club's rise from the ashes of a devastating fire in 1979 and relocation to its present stately home epitomize its spirit and the determination shown by its membership and dedicated staff to keep moving forward.

The Board of Directors and management hope you enjoy this account of our noteworthy 150-year journey. We pledge that the Club will continue to serve its members and guests in the finest tradition of the social organization established by two of the most illustrious Fathers of Confederation.

*Norman Sabourin, Rideau Club President (2013–15)*

# AVANT-PROPOS

Ce livre a été rédigé par l'historien Christopher McCreery pour commémorer le 150ᵉ anniversaire du Rideau Club en 2015. Il relate en mots et en images la riche histoire du Club et la manière dont ses membres ont surmonté les défis des temps toujours changeants.

Le Rideau Club a vu le jour avant la Confédération. Tout comme l'union qui a donné naissance au Dominion du Canada, sa fondation par sir John A. Macdonald et sir George-Étienne Cartier a été le fruit d'une collaboration entre francophones et anglophones.

Notre récit débute au moment où le Club s'est établi à Ottawa, à deux pas des édifices du Parlement nouvellement construits. Au fil du temps, le Club est devenu un second chez-soi pour les politiciens, les gens d'affaires, les hauts fonctionnaires, les officiers militaires et d'autres éminents citoyens qui ont tant contribué au développement du Canada et ont donné au Club son caractère unique.

Cependant, le Club a agi avec une lenteur troublante avant de permettre l'adhésion des femmes et des juifs. Ce n'est qu'à la fin des années 1970 que le Club a admis une femme à titre de membre pour la première fois. Ces écueils sont maintenant loin derrière nous et l'avenir du Club est prometteur. Le Club est en excellente position pour s'épanouir et demeurer une institution dynamique pour accueillir ses membres et favoriser les échanges sur les enjeux nationaux.

Ce qui ressort surtout de cet ouvrage sur notre 150ᵉ anniversaire, c'est le profond attachement que les membres et le personnel éprouvent pour le Club en tant qu'oasis de camaraderie, de réflexion éclairée et d'intimité. La renaissance du Club après l'incendie dévastateur de 1979 et sa réinstallation dans son splendide lieu actuel illustrent parfaitement la détermination des membres et du personnel à assurer sa survie.

Le conseil d'administration et la direction du Club espèrent que vous vous plairez à lire ce récit des 150 années de sa remarquable évolution. Nous nous engageons à continuer à servir nos membres et nos invités dans la plus pure tradition de l'organisation sociale fondée par deux des plus illustres Pères de la Confédération.

*Norman Sabourin, président du Rideau Club (2013–15)*

In so many ways the Rideau Club's history is intertwined with the development of Canada over the past 150 years. Commemorating the Club's sesquicentennial in 2015, this book weaves together its spirited story with vignettes of its members and an account of how they made and continue to make it a special place. Its purpose is to provide an engaging window into a unique and adaptable organization.

The personal papers, memoirs, and biographies of certain prominent members of the Club have aided in painting a picture of the Club's status and purpose. Newspaper accounts and *Hansard* transcripts from both houses of Parliament place it firmly at the centre of many national developments and debates. The calamitous fire of 1979 robbed the Club of its historic home and deprived it of much documentary evidence and other physical reminders of club life in a bygone era. Unfortunately, we can never have a comprehensive picture of the role that the Club as a "location" and social venue played in various national events: the quiet conversation or muted debate at a luncheon, the chance meeting of political opponents or business rivals.

Although the author had access to an abundance of entertaining stories, there was a profound lack of documentation on the Club's administrative history. Were it not for Commander Charles Herbert Little's work on the subject, we would be left with a thin, cursory understanding of the Club's early days.

Following in the footsteps of Commander Little, who penned *The Rideau Club: A Short History, the First Hundred Years, 1865–1965*, and of Charles Lynch, who wrote *Up from the Ashes: The Rideau Club Story*, both excellent histories, has been a daunting task. This book is not an attempt to replace their contributions, but to complement and enhance our knowledge of the Club.

Research into the history of any social club is difficult, in part because of the confidential nature of its goings-on. The Rideau Club documents that do exist tend to focus on committee minutes pertinent to staffing issues, quality of food, the ever-inflating price of alcohol, and the building's physical plant. Yet social clubs, and especially the Rideau Club, have always been much more than physical structures with all the challenges of a high-end restaurant and entertainment facility. It is the

L'histoire du Rideau Club est, à plusieurs égards, étroitement liée au développement du Canada. Cet ouvrage commémorant son 150e anniversaire célébré en 2015 ponctue son historique de récits sur les membres qui en ont fait un endroit exceptionnel. Il entrouvre la porte d'un établissement unique qui sait s'adapter aux réalités de son époque.

Les archives personnelles, les mémoires et les biographies de certains membres éminents nous ont aidés à dresser un portrait du statut et du rôle du Club, tandis que les articles de journaux et les transcriptions des débats des Chambres du Parlement publiées dans le *Hansard* ont révélé son rôle fondamental au cœur de nombreux événements et enjeux d'intérêt national. L'incendie tragique de 1979 a privé le Club de sa demeure historique et d'une multitude de documents et de souvenirs tangibles de la vie de club à une époque révolue. Malheureusement, nous ne pourrons jamais saisir toute l'ampleur de la fonction du Club comme lieu de rendez-vous social et « théâtre » de différents événements d'envergure canadienne. Nous ne saurons jamais ce qui s'est dit lors des conversations à voix basse ou des négociations sereines le midi à table, lors des rencontres fortuites d'adversaires politiques ou de concurrents d'affaires.

Même si l'auteur a entendu une multitude d'anecdotes divertissantes, ses recherches ont été limitées par la rareté de documents administratifs sur le Club. N'eût été des travaux du commandant Charles Herbert Little, nous n'aurions qu'une compréhension superficielle des débuts du Club.

Poursuivre l'œuvre entreprise par le commandant Little, qui a rédigé *The Rideau Club: A Short History, the First Hundred Years, 1865–1965*, et par Charles Lynch, auteur de *Up from the Ashes: The Rideau Club Story*, s'est avéré une tâche titanesque. Ce livre ne cherche pas à remplacer ces deux excellents ouvrages historiques, mais bien à compléter et à améliorer nos connaissances sur le Club.

Il est difficile de faire des recherches sur un club privé, quel qu'il soit, notamment en raison de la nature confidentielle des activités qui s'y déroulent. Les documents du Rideau Club que nous avons trouvés consistent principalement en procès-verbaux des différents comités qui se sont penchés sur des questions de main-d'œuvre, la

membership that creates their identity and being.

The great fire that robbed the Club of its historic Wellington Street clubhouse in 1979 certainly proved the resilience of its membership. The pioneering spirit embodied by its founders has been a unifying and ubiquitous characteristic of the Rideau Club as a body politic and social.

*[signature]*

Christopher McCreery
Government House
Halifax

*Christopher McCreery holds a doctorate in Canadian political history from Queen's University and is the author of a dozen books, including* The Canadian Honours System *and* Canadian Symbols of Authority. *He is private secretary to the Lieutenant Governor of Nova Scotia, serves on the Board of Trustees of the Canadian Museum of History and is a fellow of the Royal Canadian Geographical Society. In his spare time he enjoys racing and restoring vintage cars, canoeing, and volunteering with a variety of organizations.*

qualité de la nourriture, la hausse constante du prix des boissons alcoolisées et l'entretien de l'édifice. Pourtant, les clubs privés, et plus particulièrement le Rideau Club, ont toujours été davantage qu'un établissement qui doit relever des défis propres à un restaurant ou à un lieu de réception prestigieux. Ce sont leurs membres qui en créent l'identité et la raison d'être.

Le grand incendie qui a chassé le Club de sa maison historique de la rue Wellington en 1979 a de toute évidence démontré la résilience de ses membres. L'esprit pionnier incarné par ses fondateurs a su rassembler les membres et faire du Rideau Club une organisation à la fois politique et associative.

*[signature]*

Christopher McCreery
Government House
Halifax

*Christopher McCreery est titulaire d'un doctorat en histoire politique canadienne de l'Université Queen's. Il a rédigé une dizaine d'ouvrages, dont* The Canadian Honours System *et* Canadian Symbols of Authority. *Il est secrétaire particulier du lieutenant-gouverneur de la Nouvelle-Écosse et membre du Collège des fellows de la Société géographique royale du Canada, et siège au conseil d'administration du Musée canadien de l'histoire. Dans ses temps libres, Christopher McCreery se consacre à la course automobile, à la restauration de voitures anciennes et au canotage, et travaille bénévolement pour différents organismes.*

# ACKNOWLEDGEMENTS  REMERCIEMENTS

This is the first history of this type that I have undertaken, and I was fortunate in having the support of a wide cadre of friends and colleagues.

Thanks are owed to the Hon. René J. Marin, who first approached me more than four years ago for ideas on how to proceed with a sesquicentennial history of the Rideau Club.

The late Randolph Gherson, a long-time friend and the Club Historian, was a regular source of assistance and guidance on the Club's development in recent times. It is also appropriate to acknowledge the earlier works on the history of the Club by Commander Charles Little and Charles Lynch. They provided a solid foundation upon which this 150th anniversary project relied.

A number of friends assisted in editing the text, notably Major Carl Gauthier, Lieutenant-Commander Scott Nelson, and Bruce Patterson, the Deputy Chief Herald of Canada, who was also extremely helpful in matters related to the Club's heraldic achievement. Professor Amy Milne-Smith was particularly helpful in locating relevant works and information.

I am grateful to the President and Board of the Rideau Club for having commissioned this work. The Rideau Club's 150th Anniversary Committee and Club members Neville Nankivell, Meriel Beament Bradford, and W.H. Stevens Jr. were universally helpful in the project's development. Neville's patience and watchful eye were central to the production of this book, not to mention his skillful wielding of the editor's scalpel. Other Club members, notably Don Newman and Pierre Camu, provided superlative advice on matters relating to the content and flow of this work. The Club's General Manager and Secretary Robert J. Lams was most accommodating and helpful during my various visits from Halifax. Lynn Dunn, the Club's office manager, provided valuable assistance in photo procurement. Maria Lengemann, who has been at the Club since 1958, was a source of many colourful anecdotes about the Club, its members, and events over the past fifty years. Her enthusiasm for and attachment to the Club truly epitomize the best of devotion to the Club.

Many thanks also to Rachel Martinez for her fine work in translating my English text into French. Also much appreciated was the excellent work of Dundurn

C'est la première fois que je me consacre à la rédaction d'un ouvrage historique de ce genre et j'ai eu la chance de mener ce projet à terme grâce au soutien de tout un groupe d'amis et de collègues.

Je dois d'abord remercier l'honorable René J. Marin, qui m'a approché il y a plus de quatre ans pour me proposer de raconter les 150 premières années du Rideau Club.

J'ai souvent fait appel à mon vieil ami et historien du Club Randolph Gherson, malheureusement décédé avant de pouvoir lire ces pages, pour en savoir davantage sur l'histoire récente du Club. Il convient également de reconnaître les recherches réalisées par le capitaine de frégate Charles Little et Charles Lynch qui ont fourni les bases solides sur lesquelles repose ce projet du 150e anniversaire.

De nombreux amis ont participé à la révision de mon manuscrit, notamment le major Carl Gauthier, le capitaine de corvette Scott Nelson et Bruce Patterson, le Héraut d'armes adjoint du Canada, qui m'a aussi accordé une assistance inestimable pour toutes les questions d'art héraldique concernant le Club. Pour sa part, le professeur Amy Milne-Smith m'a plus particulièrement aidé à dénicher de l'information et des ouvrages pertinents.

Je remercie le président et le conseil d'administration du Rideau Club qui m'ont confié la rédaction de ce livre. Le comité du 150e anniversaire ainsi que les membres Neville Nankivell, Meriel Beament Bradford et W.H. Stevens fils m'ont fourni un soutien de tous les instants pour élaborer ce projet. La patience et le regard clairvoyant de Neville ont été essentiels, sans oublier ses coups de scalpel fort pertinents à l'étape de la révision. D'autres membres du Club — particulièrement Don Newman et Pierre Camu — m'ont prodigué des conseils d'une valeur inestimable sur le contenu et la qualité du texte. Le directeur général et secrétaire, Robert J. Lams, a fait preuve de souplesse et de disponibilité lors de mes visites à Ottawa, tandis que Lynn Dunn, la directrice du bureau du Club, a fourni une aide inestimable pour la recherche de photos. Maria Lengemann, employée au Club depuis 1958, m'a raconté de nombreuses anecdotes savoureuses sur le Club, ses membres et les événements qui s'y sont déroulés au cours des 50 dernières années. Son enthousiasme et son attachement au Club sont un exemple parfait de dévouement.

Press's editorial and design teams, particularly editor Michael Melgaard and designer Kim Monteforte at *WeMakeBooks.ca*.

My employer, Brigadier-General, the Hon. J.J. Grant, Lieutenant Governor of Nova Scotia, was generous in allowing me time away from Government House to work on this book. I am grateful for his ongoing support of my extracurricular writing.

Lastly, Joyce Bryant, and my parents Paul and Sharon, provided generous encouragement and support throughout the research and writing.

Je ne saurais passer sous silence le travail impeccable de l'équipe éditoriale de Dundurn Press sous la direction de Michael Melgaard, ainsi que du concepteur graphique, Kim Monteforte à *WeMakeBooks.ca*. Je remercie également Rachel Martinez pour la traduction française de mon manuscrit.

Mon employeur, le brigadier général, l'honorable J.J. Grant, lieutenant-gouverneur de la Nouvelle-Écosse, a eu la générosité de me permettre de m'absenter pour travailler à cet ouvrage et je lui sais gré de m'avoir soutenu lors de la rédaction.

Pour terminer, j'exprime ma gratitude à Joyce Bryant ainsi qu'à mes parents Paul et Sharon, qui m'ont beaucoup aidé lors de la recherche et de l'écriture.

# FROM COFFEE HOUSES TO SOCIAL CLUBS

---

*"He is what they call a prominent London clubman — one of those birds in tight morning-coats and grey toppers whom you see toddling along St. James's Street on fine afternoons, puffing a bit as they make the grade."*

— P.G. WODEHOUSE, INDIAN SUMMER OF AN UNCLE

---

The Rideau Club's durability — it has survived for a remarkable 150 years — is rooted in the concept of the social clubs that emerged in England and Canada back in the seventeenth century. The first gentlemen's clubs in England evolved from the coffee and chocolate houses of London. These elite gathering places — chocolate was then a luxury good — gradually transformed into social clubs with limited memberships, house rules, and peculiar customs.[1] The conversion also coincided with the rise of upper-class gaming houses as gambling became increasingly popular.

One of the first was White's, founded in 1693 by Francesco Bianco as a place of chocolate consumption, political discourse and, later, gambling. With the addition of renowned clubs such as Boodle's and Brooks', by the second half of the eighteenth century London's present-day "Clubland" in the West End of the city was well established. By the end of the Victorian era, in London alone there were nearly two hundred gentlemen's clubs of varying descriptions. They provided a place to convene with one's peers for conversation, drinks, and what today would be called "networking." The elite also used these clubs to satisfy their desire to "cement and reinforce social and gender status."[2]

This all took place in an age before restaurants. The clubs provided a semi-regulated and private environment in which members could meet, eat, drink, and gamble

# DE CAFÉS À CLUBS PRIVÉS

---

*« Il est ce qu'on appelle un membre en vue d'un club privé londonien, un de ces oiseaux en jaquette ajustée et haut-de-forme gris que l'on voit déambuler sur St. James les beaux après-midis et qui halètent légèrement en gravissant la rue. »*

— P.G. WODEHOUSE, INDIAN SUMMER OF AN UNCLE
[TRADUCTION LIBRE]

---

Depuis 150 ans, le Rideau Club est profondément ancré dans la tradition des clubs sociaux qui ont vu le jour en Angleterre et au Canada au 17e siècle. Les premiers clubs anglais pour messieurs trouvent leur origine dans les chocolateries et les cafés londoniens. Ces lieux de rencontre de l'élite — le chocolat était un luxe à l'époque — se transformèrent graduellement en clubs sociaux dotés de règlements et d'usages particuliers, et réservés à un cercle restreint de membres[1]. Cette conversion coïncida également avec la multiplication des maisons de jeu réservées à la haute bourgeoisie puisque le jeu gagnait en popularité.

Un de ces premiers endroits fut White's, fondé en 1693 par Francesco Bianco, où l'on pouvait boire du chocolat, discuter de politique puis, plus tard, s'adonner à des jeux d'argent. Avec la venue de clubs renommés tels Boodle's et Brooks' dès la deuxième moitié du 18e siècle, le *clubland* de la Londres actuelle était déjà solidement implanté dans le West End londonien. À la fin de l'ère victorienne, on comptait dans la seule région de la capitale britannique près de 200 clubs de genres distincts. Les hommes y rencontraient leurs pairs pour discuter, prendre un verre et se livrer à ce que l'on appellerait aujourd'hui du « réseautage ». Les représentants de l'élite cherchaient aussi à « cimenter et à renforcer leur statut social et la supériorité de leur sexe[2] ».

À cette époque où les restaurants n'existaient pas encore, les clubs étaient des lieux privés semi-réglementés, assurant la discrétion et un minimum de confidentialité,

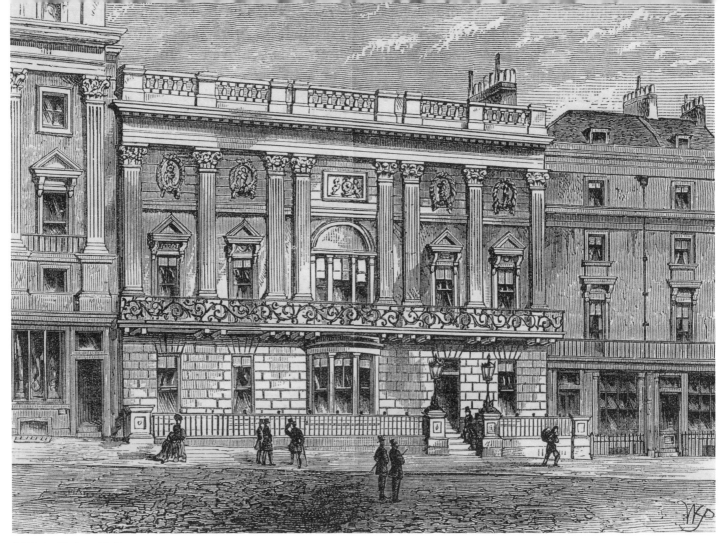

*White's Club c. 1860*
*Le club White's v. 1860*

within a set of customs and rules designed to encourage gentlemanly behaviour, while also ensuring discretion and some modicum of privacy. Quite simply, clubs became popular because they were "enjoyable and useful spaces"[3] for members and their associates. Not surprisingly, they also provided a refuge from the anxiety of personal affairs at home and the worries of the world.[4] Functions such as dinners, teas, or gatherings held at one's private home were then usually considered public events and reported as such in the newspapers.[5] The clubs provided an alternative location for gentlemen of varying means to conduct their domestic life away from the press, wife, family, and servants.

It was customary for many members to use their club as a home base from which to conduct business and meetings. Clubs also provided an impressive place to entertain high-profile guests and one's social superiors with dignity and grace. They certainly played an important role in defining "an elite ruling-class male,"[6] and as the ruling class grew, in parallel with England's expanding wealth, so too did the middle class. Those in this socio-

où les membres se réunissaient pour manger, boire et jouer en respectant des règles et des usages instaurés pour favoriser un climat de courtoisie digne des hommes du monde. Autrement dit, les clubs sont devenus populaires parce qu'il s'agissait d'endroits à la fois « agréables et utiles[3] » pour les membres et leurs invités. Ils pouvaient aussi, on s'en doute, s'y réfugier pour oublier tant les tracasseries de la maison que les problèmes du monde[4]. Soulignons qu'à l'époque, les journaux rapportaient dans leurs pages la tenue des dîners, des thés et des réceptions en tout genre organisés par des particuliers dans leurs résidences puisque de telles rencontres étaient considérées comme des événements publics[5]. Les clubs permettaient donc aux messieurs, peu importe leurs moyens, de soustraire leur vie privée aux regards des journalistes, de leur épouse, des membres de leur famille et de leurs domestiques.

Les clubs faisaient office de « quartier général » pour de nombreux hommes qui y administraient leurs affaires et tenaient des réunions. Les clubs leur offraient aussi un cadre prestigieux pour recevoir avec élégance et dignité leurs invités de marque ou les représentants de la classe sociale supérieure. Ces lieux exclusifs jouaient certainement un rôle important pour définir « un homme de la

*Brooks's Club c. 1860*
*Le club Brooks's v. 1860*

*Reform Club Library*
*c. 1860*

*La bibliothèque du club*
*Reform v. 1860*

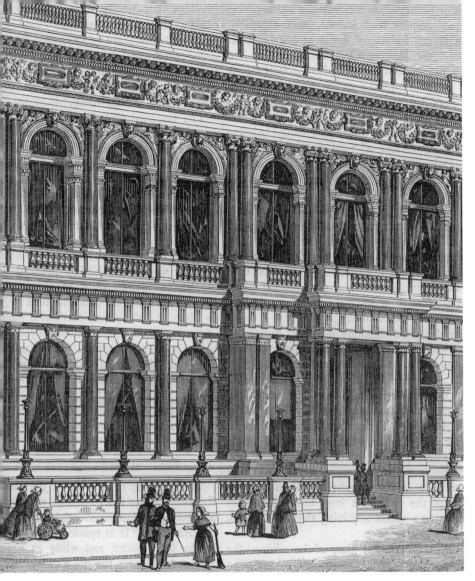

*Carlton Club c. 1860*
*Le club Carlton v. 1860*

economic group wanted to emulate their social superiors. This also helps to explain the growth of club life in Victorian England and throughout the old British Empire.

London was, and remains, the "mother city of clubs."[7] Clubland scholar Amy Milne-Smith, notes that "all clubs looked to London for their most basic spirit, but the function of clubs varied according to their city."[8] This was particularly true of the various clubs that developed in Canada, although the first to take root were imbued with a pioneer spirit that would have likely drawn the ire of the average London club member.

While the rugged wilds of North America may seem an unusual place for "club life" development, one of the first established in Canada following the arrival of French explorer Samuel de Champlain was *l'Ordre de Bon Temps* — more commonly known as the *Order of the Good Time* (or *Good Cheer*). Champlain, the man credited with establishing the Crown of France in what is modern-day Canada, was keenly aware of the beneficial

classe dirigeante et de l'élite[6] ». À la même époque, l'enrichissement de l'Angleterre a entraîné l'augmentation du nombre des membres de la classe dirigeante, tout comme celui des membres de la classe moyenne. Les représentants de ce groupe socio-économique cherchaient à imiter leurs supérieurs sur l'échelle sociale, ce qui explique en partie la multiplication des clubs privés à l'époque victorienne en Angleterre et dans l'ensemble de l'ancien Empire britannique.

Londres était, et demeure, « la ville mère des clubs[7] ». Amy Milne-Smith, une spécialiste du *clubland*, raconte que « tous les clubs se tournaient vers Londres pour en reproduire l'esprit fondamental, mais leurs rôles variaient d'une ville à l'autre[8] ». C'était particulièrement vrai au Canada, même si les premiers clubs qui s'y sont implantés étaient animés d'un esprit pionnier qui aurait probablement provoqué l'indignation de la plupart des clubistes londoniens.

Même si la nature sauvage du continent nord-américain semble de prime abord peu propice au développement de clubs privés, un des premiers au Canada fut fondé à Port-Royal en Acadie, la première colonie française permanente au Canada, peu après l'arrivée de l'explorateur français Samuel de Champlain. En mettant sur pied l'Ordre de Bon Temps, le « Père de la Nouvelle-France » souhaitait rompre l'isolement de ses hommes durant les longs mois d'hiver. Lors de la première réunion tenue le 14 novembre 1606, les membres partagèrent un repas et assistèrent à une représentation théâtrale. Les membres assumaient à tour de rôle la fonction de « Grand Maître » responsable d'organiser les repas et les divertissements. C'était un moyen ingénieux d'oublier les privations dans un pays sauvage, mais aussi, selon Champlain, de tenir ses hommes occupés en hiver lorsque l'oisiveté générait tensions et discordes. Ce club social, qui n'est pas sans rappeler un mess pour officiers, fut le premier du genre en Amérique du Nord.

L'Ordre de Bon Temps de Champlain fut suivi en 1785, soit près de deux siècles plus tard, par la création à Montréal du Beaver Club, le premier club social inspiré des nombreux clubs londoniens du West End. Les fondateurs du Beaver Club — réservé aux aventuriers — avaient adapté le modèle londonien à un groupe d'entrepreneurs qui jouaient un rôle stratégique dans le commerce de la

nature such a social organization was certain to have among his men during the long, cold, isolated winter months. Founded at Port-Royal, Acadia, the first permanent French settlement in Canada, the Order's first meeting on November 14, 1606, included not only food but also a theatrical performance. In turn, each member of the Order served as Grand Master and was responsible for organizing the meal and entertainment. It was an ingenious way to deal with the privations of life in the wilderness. Champlain also viewed it as a useful way to keep his men busy during the winter months when idleness often led to tension and discord. This social club, somewhat akin to a military mess, was the first of its kind in North America.

Champlain's society of fellowship was followed nearly two centuries later by the founding of the Beaver Club in Montreal in 1785. It was the first social club modelled on what became so ubiquitous in London's West End. Unquestionably a club of adventurers, the Beaver Club took the purpose of an English gentleman's club and applied it to a group of entrepreneurs who played a central role in the fur trade in Canada. These were not gentlemen of significant means alone, but rather a self-made lot of explorers and businessmen. Established by the North West Company fur traders, the Beaver Club was active until 1804 and again from 1807 to 1817. Most of the company's partners were members. A unique facet of membership was the requirement that each individual have spent a winter beyond the Height of Land west of Grand Portage, in what is now Northern Ontario. Without a permanent location, the Beaver Club met at various taverns in and around Montreal during the winter months.[9]

In Ottawa, the Rideau Club, like a number of other clubs that took root in Canada, did not develop in a vacuum, nor was it a precise replica of its London counterparts. Club life was tailored to the Canadian scene. Although the broad concept of club life could be transported to British North America, it would have withered if the rigid social structure that then functioned in London's most exclusive clubs had been applied. This was especially true in pre-Confederation Canada.

The establishment of the Rideau Club was directly linked with a seminal event in the development of modern Canada. In 1857 Queen Victoria

fourrure au Canada. Ils étaient non seulement des hommes aisés, mais aussi des explorateurs et des hommes d'affaires qui avaient bâti leur propre fortune. Fondé par les commerçants de fourrure de la Compagnie du Nord-Ouest, le Beaver Club poursuivit ses activités jusqu'en 1817, à l'exception d'une interruption de 1804 à 1807. La plupart des associés de la Compagnie en faisaient partie. Le Club avait une exigence particulière : pour y adhérer, un homme devait avoir passé un hiver au-delà de la ligne de partage des eaux à l'ouest de Grand Portage, dans ce qui est maintenant le Nord de l'Ontario. Les membres du Beaver Club, qui n'avait pas de lieu de rencontre attitré, se réunissaient en hiver dans différentes tavernes de Montréal et de la région[9].

Comme de nombreux autres clubs fondés au Canada, le Rideau Club d'Ottawa ne s'est pas développé en vase clos et n'est pas non plus une copie servile de ses pendants londoniens : il était adapté au mode de vie canadien. Même si le concept général de club privé pouvait s'exporter en Amérique du Nord britannique, il n'aurait pas survécu si la structure sociale rigide observée dans les clubs les plus exclusifs de Londres avait été imposée sur le nouveau continent, particulièrement avant la Confédération.

Order of the Good Time *by C.W. Jeffreys*

L'Ordre de Bon Temps *par C. W. Jeffreys*

selected Ottawa as the capital; she proclaimed it as such in 1859 and then in 1865 as the permanent seat of government for the United Province of Canada. This was capped by the opening of the original Parliament Buildings in 1866. This new enterprise would shortly afterwards be transformed into the Dominion of Canada by many of the very same charter members who established the Rideau Club in Ottawa in 1865.

La fondation du Rideau Club en 1865 fut étroitement liée à un événement majeur de l'histoire du Canada moderne. En 1857, la reine Victoria désigna Ottawa comme capitale du pays (la proclamation suivit deux ans plus tard) puis, en 1865, elle en fit le siège permanent du gouvernement du Canada-Uni. Pour couronner le tout, les édifices du parlement d'origine furent inaugurés en 1866. La nouvelle organisation politique fut transformée peu après en Dominion du Canada par plusieurs membres fondateurs du Rideau Club.

## CHAPTER ONE

# THE NATION BUILDERS:

## *Start with a Gentleman's Club*

---

*"The main objection to Ottawa is its wild position … the present population may be called 8,000–10,000 not of the best description."*

— SIR EDMUND WALKER HEAD
GOVERNOR GENERAL OF THE PROVINCE OF CANADA
UNDATED MEMORANDUM, JULY 1857

---

For longer than Confederation itself, the Rideau Club has been an influential part of the nation's capital and played an important role in Canada's national life. It has always been more than bricks and mortar or a location for social activities, business, and fellowship. The Club has served as a home away from home for countless members, and while its site and membership composition have changed over 150 years, it has always been a living body, corporate and politic.

Known as Bytown from its founding in the 1820s, Ottawa was a rough, brawling lumber town whose numerous waterfalls and rapids helped give rise to manufacturing enterprises based on the exploitation of natural resources.

When Queen Victoria chose Ottawa as the capital of the United Provinces of Canada in 1857, Sir Edmund Walker Head, then Governor General of the Province of Canada, was nonplussed.[1] The place had occasional riots between Protestants and Catholics, the population was highly transient, and there would be no formal permanent police service until 1865 — not surprisingly at the direction of one of the Rideau Club's founding members.

Ottawa was far from the refined living of Montreal, Toronto, and Quebec City (cities where the capital had been previously located). It was even more removed from

# LES BÂTISSEURS DE LA NATION :

## *commençons par un club pour messieurs*

---

« *La principale objection au choix d'Ottawa est son emplacement dans un milieu sauvage [...] on peut dire que la population actuelle comporte de 8 000 à 10 000 personnes qui ne correspondent pas à la plus enviable des descriptions.* »

— SIR EDMUND WALKER HEAD
GOUVERNEUR GÉNÉRAL DE LA PROVINCE DU CANADA
NOTE DE SERVICE NON DATÉE, JUILLET 1857
[TRADUCTION LIBRE]

---

Le Rideau Club commença à exercer une influence dans la capitale du pays et la société canadienne avant même la Confédération. Il ne se limite pas à un édifice qui accueille des activités sociales, des réunions professionnelles ou des rencontres amicales : le Club a été le deuxième foyer de nombreux membres et même si son emplacement et la composition de son effectif a changé depuis 150 ans, il a toujours été un centre d'affaires et de politique vivant.

Connue lors de sa fondation dans les années 1820 sous le nom de Bytown, Ottawa était au 19e siècle une ville forestière dure et animée. Les nombreuses chutes et les rapides sur son territoire furent à l'origine du développement d'usines axées sur l'exploitation des ressources naturelles.

La reine Victoria déconcerta le gouverneur général de la province du Canada, sir Edmund Walker Head, lorsqu'elle choisit Ottawa comme capitale du Canada-Uni en 1857[1]. Des émeutes opposant protestants et catholiques éclataient à l'occasion et la population était constituée en majorité de gens de passage. En outre, c'est en 1865 seulement et, sans surprise, à la suggestion de l'un des membres fondateurs du Rideau Club que le

*Barrack Hill, Ottawa, c. 1858*

England's London-based Clubland where gentlemen's clubs helped cultivate ideas such as "ease, elegance, urbanity and leisure."[2]

The Victorian political scientist and historian Goldwin Smith eloquently described the new capital as a "sub-Arctic lumber-village converted by Royal mandate into a political cock-pit."[3] A founder of Toronto's National Club, Smith was never enthralled with Ottawa, but his insightful commentary on current events was widely followed by Canada's political elite. Years later a more generous assessment held that the capital's new location resulted in "social, cultural and intellectual seedlings [being] planted into the soil of Ottawa."[4]

When the Rideau Club was founded, few residents of British North America were familiar with — let alone had visited — the new capital. During his 1861 visit to North America, British novelist Anthony Trollope noted that "the city of Ottawa has yet to be built.… There are no publics, no shebeen houses, no grog shops. Sobriety

premier service de police permanent fut mis sur pied.

Ottawa n'avait pas le raffinement de Montréal, Toronto et Québec (qui avaient toutes été capitales du Canada-Uni). La ville était encore plus étrangère au *clubland* londonien où les messieurs cultivaient les notions « de bien-être, d'élégance, de courtoisie et de loisirs[2] ».

Goldwin Smith, politicologue et historien de l'époque victorienne, a décrit avec éloquence la nouvelle capitale comme « un village de bûcherons subarctique converti par mandat royal en arène politique[3] ». Même si Smith, un des fondateurs du National Club de Toronto, n'avait jamais été favorable au choix d'Ottawa, l'élite politique canadienne était à l'affût de ses commentaires éclairés sur l'actualité. Des années plus tard, une évaluation plus globale prétendait que le nouvel emplacement de la capitale avait permis de « planter des semis sociaux, culturels et intellectuels dans le sol d'Ottawa[4] ».

Lorsque le Rideau Club fut fondé, peu d'habitants de l'Amérique du Nord britannique connaissaient la

an enforced virtue, and so much is this considered by the masters [of the lumber industry] that very little contraband work is done in the way of taking up spirits to the settlements [logging camps]."[5]

By the mid-1860s one element of this account had changed. Ottawa was replete with taverns, public houses, boarding houses, and other less regulated establishments, but aside from a few respectable hotels it was decidedly void of comfortable places to imbibe, eat, and carry out business. There were no real restaurants in the modern sense. The Rideau Club came into being for many of the same reasons that similar institutions had in London — a lack of comfortable quality eateries and respectable places to drink and engage in gentlemanly games of billiards and cards.

The Parliamentary precinct would become a place for transacting the hard business of politics and the state. A less structured atmosphere was required for developing the relationships between public and private spheres that provide fertile ground for ideas, concepts, and plans that are the lifeblood of any great endeavour — especially nation building.

At the time, club life in London was undergoing great expansion. There were more than two hundred middle-class clubs — half of which were established in the last three decades of the Victorian era.[6] Many of the Rideau Club's founders hailed from Montreal, Quebec City, and Toronto, and were familiar with the concept of a gentleman's club — although these too were largely in an embryonic stage in their home cities. Indeed, the Bill creating the Rideau Club and its first constitution were both almost entirely borrowed from those used to establish Montreal's Club Saint-James in 1858.

The Rideau Club's founders were part of a large and influential cadre of men who, "whether Grit or Tory, spoke a common legal-entrepreneurial language and shared a common outlook."[7] In part, the pioneering spirit of life in pre-Confederation Canada helps to explain why "Upper Canadians saw their society as particularly open to social and economic mobility."[8] This flexibility was imparted to the Club. Success was the requirement for admittance. Rifts involving the mainstream Christian religions of the time and partisan political colouring were of secondary importance. Also, the population of Ottawa — like that of Canada — was small. The pool of potential members was limited, so unlike the situation in London it was simply not viable for separate clubs to be

nouvelle capitale — et moins encore l'avaient visitée. Lors de son passage en Amérique du Nord en 1861, le romancier britannique Anthony Trollope écrivit : « [...] la ville d'Ottawa reste à bâtir. [...] il n'y a aucun pub, aucun débit de boisson clandestin, aucun cabaret. La sobriété est une vertu prônée à un point tel par les maîtres [de l'industrie forestière] que très peu de spiritueux sont introduits en contrebande dans les établissements [camps de bûcherons][5] ».

Cette situation avait changé pour au moins un aspect au milieu des années 1860 : Ottawa comptait à ce moment une multitude de tavernes, de pubs, de pensions et d'autres établissements moins réglementés. Toutefois, à l'exception

*Queen Victoria*
*La reine Victoria*

## THE RT. HON.
## SIR JOHN A. MACDONALD
### *(1815–1891)*

Co-founder of the Club and first Prime Minister of Canada, Macdonald transformed his vision for a united British North America from sea to sea into the driving force behind Confederation. Although periodically embroiled in political scandals and known for his love of drink, by the end of his life Macdonald personified the nation he worked so hard to bring together.

## LE TRÈS HONORABLE
## SIR JOHN A. MACDONALD
### *(1815–1891)*

Sir John A. Macdonald — cofondateur du Club et premier premier ministre du Canada — fit de son projet d'une vaste Amérique du Nord britannique unie d'un océan à l'autre le moteur de la Confédération. À la fin de sa vie, Macdonald incarnait la nation qu'il avait œuvré avec acharnement à constituer, malgré son penchant pour l'alcool et certains scandales politiques dans lesquels il fut impliqué.

*The Parliament of the Province of the United Canadas c. 1866*
*Le parlement de la province du Canada-Uni v. 1866*

established for anglophones, francophones, Protestants, Roman Catholics, Bleus, Rouges, Reformers, Conservatives, Liberals, Liberal-Conservatives, and Independents. The political landscape was anything but binary.

Confederation and the new capital "brought into being at Ottawa a new breed of people, with new interests, new loyalties, new relationships. These were the first Canadians."[9] Undoubtedly charter members of the Club did represent an elite element of Canadian society, being duly elected and appointed members of the legislature and those who had become successful in business. There was a heavy degree of cross-pollination, but it would be difficult to claim that the founding membership was "drawn from the political, titled and social elite"[10] in the same manner that the clubs of London were. The fluid nature of politics and finance in Canada in this period added an egalitarian aspect to the Rideau Club's membership. Like the early social clubs of pre-Confederation Canada, the new club founded in Ottawa very much bore the marks of a frontier society. The ability to get elected, engage in enterprise and be generally successful was given much more currency than who one's ancestors were or

de quelques hôtels respectables, il n'y avait aucun endroit confortable pour boire, manger et faire des affaires, ni de restaurants à proprement parler, au sens moderne du terme. Le Rideau Club a été fondé pour sensiblement les mêmes motifs que ses équivalents de Londres : pour combler une pénurie de restaurants de qualité et de lieux convenables pour prendre un verre en jouant au billard ou aux cartes en compagnie d'hommes distingués.

Le quartier du parlement se transformait en zone privilégiée pour parler politique et affaires d'État. Il devint important de trouver un endroit moins guindé propre à la rencontre des sphères publiques et privées, et offrant un terreau fertile pour permettre l'émergence d'idées et de projets qui seraient le moteur de toute entreprise d'envergure, en particulier quand il s'agit de bâtir un pays.

Pendant ce temps, outre-Atlantique, les clubs se multipliaient rapidement. Londres en comptait plus de 200 réservés à la classe moyenne, dont la moitié avaient été inaugurés dans les 30 dernières années du règne de Victoria[6]. Un grand nombre des fondateurs du Rideau Club provenaient de Montréal, de Québec et de Toronto et connaissaient bien le concept de club pour hommes,

whether or not a person possessed a knighthood or Crown office.

The legislative Bill that formally established the Club was granted Royal Assent by the Governor General Viscount Monck on September 18, 1865, at one of the last sittings in Quebec City of the Legislature of the Province of the United Canadas. The capital was to be relocated to Ottawa for the 1866 sitting, the last session before the Dominion of Canada was established with the joining of Canada East, Canada West, Nova Scotia, and New Brunswick in a federal union.

In this period most public and private institutions were constituted through Acts passed by the Legislature, a practice that has long since declined. The process for the Rideau Club was greatly eased by the able tutelage of John A. Macdonald, the Attorney General for the United Provinces of Canada (West) and the Club's first President; George-Étienne Cartier, the leading francophone member of the Legislature and Attorney General for the

même s'il était à l'état embryonnaire dans leur ville. En effet, le projet de loi autorisant la création du Rideau Club ainsi que sa première constitution furent copiés presque mot à mot sur les documents à l'origine du Club Saint-James établi à Montréal en 1858.

Les fondateurs du Rideau Club faisaient partie d'un groupe nombreux d'hommes influents qui, « qu'ils soient libéraux ou conservateurs, parlaient tous le langage du droit et de l'entrepreneuriat et partageaient la même vision[7] ». L'esprit pionnier des Canadiens d'avant la Confédération explique en partie pourquoi « les habitants du Haut-Canada considéraient que leur société acceptait particulièrement bien la mobilité sociale et économique[8] ». Cette ouverture d'esprit s'est communiquée au Club où la réussite était un critère d'admission et où on accordait une importance secondaire aux allégeances religieuses (catholique ou protestante) et politiques de ses membres. En outre, puisque la population d'Ottawa — comme celle du reste du Canada — était peu nombreuse,

*Canadian Red Ensign c. 1868*

*Le Red Ensign canadien v. 1868*

THE NATION BUILDERS: *START WITH A GENTLEMAN'S CLUB*

## THE HON. JOHN SANDFIELD MACDONALD
### *(1812–1873)*

Often confused with Sir John A., John S. was a leading member of the Liberal Party. He was elected as the first Premier of Ontario following Confederation and simultaneously sat in the House of Commons as well. A prominent Roman Catholic in a time of sectarian tensions, Macdonald stood out for his political acumen and vision for the new province despite the ingrained prejudices of the period.

## L'HONORABLE JOHN SANDFIELD MACDONALD
### *(1812–1873)*

John S. Macdonald est souvent confondu avec sir John A. Il était un membre éminent du parti Libéral et fut le premier premier ministre élu en Ontario après la Confédération, tout en siégeant à la Chambre des communes. Son flair politique et sa vision pour la nouvelle province firent de ce catholique un politicien de premier plan malgré les préjugés tenaces et les tensions sectaires de l'époque.

United Provinces of Canada (East); and John Sandfield Macdonald, Chairman of the Club's Executive Committee. The latter Macdonald, a Grit, had recently served as Premier of the Province of Canada and Attorney General for Canada West. The Tory John A. would go on to become the first Prime Minister of the Dominion of Canada. The Grit John S. would become the first Premier of Ontario. Their political rivalries had been placed in abeyance in the interest of establishing a "Club for social purposes."

There was nothing particularly outstanding about the language or structure of the Bill establishing the Club. It simply brought it into legal reality. The Bill was introduced into the Legislature on August 25, 1865. The process moved with great dispatch and on September 14 it was passed by the Legislative Assembly. It was approved by the upper house — then styled the Legislative Council — on September 18, receiving Royal Assent on the same day. Swift ratification — by modern-day standards — was not unusual for non-contentious Bills related to the establishment of private entities. However, the *Act to Incorporate the Rideau Club of the City of Ottawa*, 29 Victoria, Chapter 98, was read, debated, amended, voted, and granted Royal Assent with great alacrity. It certainly helped that of the sixty-three petitioners beseeching the Legislature, thirty-four were members of the Legislative Assembly — including the Speaker Lewis Wallbridge — and ten were members of the Legislative Council.

This meant more than a quarter (28 percent) of the combined houses' membership petitioned their own body to create the Club. Members came from every party represented in the two houses, with Reformers, Liberal-Conservatives, and Conservatives making up the largest segment. Along with these politicos were entrepreneurs, financiers, and senior public servants who, although outnumbered by the people's representatives, would play a pivotal role in the Club's development. Ottawa was, after all, their home and not just a place to spend half the year attending sittings of the legislature.

On June 8, 1866, the first meeting of the Legislature of the Province of the United Canadas took place in the newly completed Parliament Buildings in Ottawa. As Trollope noted, "the glory of Ottawa will be — and indeed, already is — the set of public buildings … erected on the rock which guards, as it were, the town from the river."[11] A few blocks away from this magnificent Gothic edifice would grow the Rideau Club, created by the very same men who played such a central role in uniting

le bassin de membres potentiels étant limité et il n'aurait pas été viable de créer, comme à Londres, des clubs distincts en fonction de la langue, de la religion et de l'allégeance politique : pour les anglophones, les francophones, les protestants, les catholiques, les bleus, les rouges, les réformateurs, les conservateurs, les libéraux, les libéraux-conservateurs ou les indépendants. Le paysage politique n'avait rien de bipartite.

La Confédération et le statut de capitale « ont attiré à Ottawa une nouvelle race de gens qui avaient de nouveaux intérêts, de nouvelles allégeances, de nouvelles relations. Ils furent les premiers Canadiens[9] ». Les fondateurs — des élus et membres désignés du corps législatif et des hommes d'affaires prospères — représentaient sans l'ombre d'un doute l'élite de la société canadienne. Il y avait beaucoup d'« interpollinisation », mais il serait difficile de prétendre que les membres d'origine « provenaient de l'élite politique, nobiliaire et sociale[10] » comme dans les clubs londoniens. La nature fluide de la politique et des finances au Canada à l'époque conférait un aspect égalitaire à l'effectif du Rideau Club. Comme dans le cas des premiers clubs sociaux fondés avant la Confédération, le nouveau club d'Ottawa portait l'empreinte d'une société de colonisation. On accordait beaucoup plus d'importance à la capacité d'un candidat à se faire élire, à se lancer en affaires et à connaître la réussite en général plutôt qu'à l'identité de ses ancêtres ou au fait qu'il possédait ou non le titre de chevalier ou occupait un poste prestigieux pour l'État.

Le projet de loi qui créa officiellement le Rideau Club reçut la sanction royale du vicomte Monck, gouverneur général, le 18 septembre 1865 lors de l'une des dernières séances de l'Assemblée législative de la province du Canada-Uni à se tenir à Québec. Par la suite, le siège du gouvernement sera transféré à Ottawa pour la séance de 1866, la dernière avant la création du Dominion du Canada à la suite de l'union du Canada-Est (Québec), du Canada-Ouest (Ontario), de la Nouvelle-Écosse et du Nouveau-Brunswick dans une fédération.

À l'époque, la plupart des institutions publiques et privées étaient constituées par une loi votée par l'Assemblée législative, une pratique de moins en moins courante. Dans le cas du Rideau Club, ce processus fut grandement facilité grâce au parrainage avisé de John A. Macdonald, procureur général du Canada-Uni (Canada-Ouest) et premier président du Rideau Club; de George-Étienne Cartier, principal membre francophone de l'Assemblée

## THE HON. SIR
## GEORGE-ÉTIENNE CARTIER
### *(1814–1873)*

Along with Sir John A. Macdonald, Cartier is the man credited with being the co-founder of the Club and of the new country that came together in 1867. He played a central role in rallying French Canada to the cause of Confederation. In Quebec he was instrumental in having the province adopt the Civil Code and abolishing the seigneurial system. Following Confederation, Cartier served as Canada's first Minister of Militia and Defence. He made frequent use of the Club.

## L'HONORABLE SIR
## GEORGE-ÉTIENNE CARTIER
### *(1814–1873)*

Cartier est considéré, avec sir John A. Macdonald, comme le cofondateur du Club et du nouveau pays créé en 1867. Il joua un rôle de premier plan pour rallier les Canadiens-français à la cause de la Confédération. Au Québec, il présida une commission parlementaire chargée de rédiger le Code civil et prit position pour l'abolition du régime seigneurial. Après la Confédération, Cartier devint le premier ministre de la Milice et de la Défense du Canada. Il fréquentait assidûment le Club.

Nº 188
Hon. Mr. J. A. Macdonald
atty Gen. L. C.

## CAP. XCVIII.

An Act to incorporate the Rideau Club of the City of Ottawa.

[*Assented to 18th September, 1865.*]

**Preamble.**

WHEREAS the persons hereinafter named, with a large number of others in Quebec and elsewhere in the Province of Canada, have associated themselves for the establishment of a Club for social purposes, and whereas certain of the said hereinafter named persons have prayed to be incorporated by the name of the " Rideau Club," of the City of Ottawa, and it is expedient to grant their prayer : Therefore, Her Majesty, by and with the advice and consent of the Legislative Council and Assembly of Canada. enacts as follows :

**Certain persons incorporated under the name of the Rideau Club.**

1. The Honorable John A. Macdonald, the Honorable George Etienne Cartier, the Honorable George Brown, D. Ford Jones, Esquire, W. Shanly, Esquire, the Honorable John Carling, the Honorable L. H. Holton, the Honorable J. S. Macdonald, D. A. Macdonald, Esquire, the Honorable A. T. Galt, the Honorable Hector L. Langevin, Alex. Morris, Esquire, the Honorable W. P. Howland, the Honorable L. Wallbridge, the Honorable James Cockburn, the Honorable J. C. Chapais, R. J. Cartwright, Esquire, T. C. Wallbridge, Esquire, the Honorable C. Alleyn, M. C. Cameron, Esquire, Robert McIntyre, Esquire, John Poupore, Esquire, W. McGiverin, Esquire, R. S. Atcheson, Esquire, the Honorable D. L. Macpherson, the Honorable John Ross, the Honorable D. C. Price, C. J. Brydges, Esquire, Thomas Reynolds, Esquire, Æmilius Irving, Esquire, Thos. Swinyard, Esquire, the Honorable Alex. Campbell, the Honorable J. J. C. Abbott, the Honorable Thos. D'Arcy McGee, Wm. F. Powell, Esquire, Alonzo Wright, Esquire, J. M. Currier, Esquire, the Honorable T. Ryan, the Honorable Sir N. F. Belleau, the Honorable James Skead, the Honorable J. J. Fergusson Blair, the Honorable John Hamilton, (Inkerman,) Thos. McGreevy, Esquire, H. Bernard, Esquire, J. Ashworth, Esquire, Allan Gilmour, Esquire, J. G. Vansittart, Esquire, the Honorable G. W. Allan, Ralph Jones, Esquire, the Honorable M. Laframboise, Geo. Irvine, Esquire, W. McNaughton, Esquire, William White, Esquire, Robert Bell, Esquire, John Bell, Esquire, F. Cumberland, Esquire, the Honorable J. Hillyard Cameron, the Honorable James Shaw, the Honorable A. B. Foster, C. S. Gzowski, H. J. Noel, and William Petrie, Esquires, the Honorable John Rose, and such other persons as now are or hereafter shall become members of the said association, shall be and are hereby declared to be a body politic and corporate, in deed and in name, by the name of the " Rideau Club," and shall by the same name, from time to time, and at all times hereafter, be able and capable to purchase, acquire, hold, possess and enjoy, and to have, take, and

**Corporate Powers.**

receive

receive, to them, and their successors, to and for the actual occupation of the said Corporation, any lands, tenements and hereditaments, and real and immovable property and estate, situate, lying and being within the City of Ottawa, and the same to sell, alienate and dispose of, whensoever the said Corporation may deem it proper so to do; and the constitution, rules, and regulations now in force, touching the admission and expulsion of members, and the management and conduct generally of the affairs and concerns of the said Association, in so far as they may not be inconsistent with the laws of this Province, shall be the constitution, rules and regulations of the said Corporation; provided always, that the said Corporation may, from time to time, alter, repeal and change such constitution, rules and regulations, in the manner provided by the constitution, rules and regulations of the said corporation.

**Real estate.**

**Constitution, rules and regulations.**

**Proviso : for amendments.**

2. All property and effects now owned by or held in trust for the said Association, are hereby vested in the said corporation, and shall be applied solely to the maintenance of the said corporation.

**Property of existing association transferred.**

3. No member of the Corporation shall be liable for any of the debts thereof, beyond a sum which shall be equal to the amount of the original entrance fee, and the annual subscriptions which may remain unpaid by such member; and any member of the Club not being in arrear may retire therefrom, and shall cease to be such member, on giving notice to that effect in such form as may be required by the by-laws thereof, and thereafter shall be wholly free from liability for any debt or engagement of the club.

**Liability of members of the Corporation limited.**

4. It shall be lawful for the said corporation to issue stock to such extent as they may deem necessary, not exceeding in the aggregate the sum of forty thousand dollars, in shares of one hundred dollars each; such stock to be subscribed for in a book to be opened for that purpose by the committee of the said club, and to be paid up in such manner, and within such delay, as may be determined by the said committee.

**Stock may be issued to a limited amount.**

5. The funds arising from such stock shall be applied exclusively to the erection of a Club House and dependencies, and to furnishing the same.

**Application of proceeds of stock.**

6. The shares of such stock shall be assignable by delivery and surrender of the certificates to be issued to the holders of such shares respectively, and by assignment on the books of the corporation.

**How stock may be assigned.**

7. Each holder of such stock, duly paid up, shall be a proprietor of an undivided share of the real estate of the corporation, and of the buildings thereon to be erected, and shall be exempt from all liability beyond the extent of the stock he shall actually

**Liability of stockholders limited.**

actually hold; Provided always, that no sale or transfer of any such share or of any interest in such real estate, by or under the authority of any execution out of a court of competent jurisdiction or otherwise, shall be held to be valid unless and until after due notice and demand, the said corporation shall refuse to purchase such share or interest at the then market value thereof, but in no case exceeding its par value.

**Corporation may pay off stock.**

8. It shall be competent to the said corporation to pay off so much of the said stock, from time to time, as the committee may deem desirable; the share or shares so to be paid off to be selected by the said committee by ballot.

**Extinction of stock on payment.**

9. Such payment may be made by depositing in any of the chartered banks in this Province, to the credit of the holder or holders of such share or shares, the amount of such share or shares, and of all dividends unpaid thereon, and thereupon such share or shares shall, *ipso facto*, cease to exist.

**Public Act.**

10. This Act shall be deemed a Public Act.

*Copy of Bill establishing the Rideau Club*
*Copie du projet de loi qui créa le Rideau Club*

législative et procureur général du Canada-Uni (Canada-Est); et de John Sandfield Macdonald, président du comité exécutif du Club, qui avait été premier ministre de la province du Canada et solliciteur général du Canada-Ouest (qui deviendra l'Ontario). Les deux Macdonald s'illustreront par la suite en politique canadienne : le conservateur John A. deviendra le premier premier ministre du Dominion du Canada et le grit John S., le premier premier ministre de l'Ontario. Ils avaient mis de côté leurs rivalités politiques dans l'intérêt de créer un « Club à des fins sociales ».

Le projet de loi à l'origine du Club fut déposé à l'Assemblée législative le 25 août 1865 et le processus progressa promptement. Ne comportant aucune particularité sur les plans du texte et de la structure, il fit simplement du Rideau Club une réalité juridique. Le projet de loi fut adopté par l'Assemblée législative dès le 14 septembre et, quatre jours plus tard, soit le 18 septembre par

together four disparate colonies into the new Dominion of Canada that would come into being on July 1, 1867. The names of thirteen Fathers of Confederation can be found on the original petition requesting the incorporation of the Rideau Club. The years that followed witnessed numerous men, and later women, in public life who would come to regard the Club as not only a pleasant place to meet and socialize but as a second home.

The Club's first location was at 200 Wellington Street in an unused portion of Doran's Hotel that also housed the Bank of Montreal (which owned the actual building, previously known as the Royal Exchange Hotel). It was not a particularly palatial space; however, it was commodious and suitable enough in a period when the financial status of the new endeavour was precarious. At this stage there is no evidence that the membership was thinking ahead of a stand-alone building in the style of the more fashionable London clubs. This would come with the passage of time as the roots of the Club began to grow deeper. The Club moved from Doran's Hotel in June 1869 into the

la Chambre haute (appelée à l'époque le Conseil législatif). Il reçut la sanction royale le jour même. Une ratification aussi rapide (comparativement aux normes actuelles) n'était pas inhabituelle dans le cas de projets de loi non controversés concernant la mise sur pied d'institutions privées. Toutefois, le projet de loi privée (Act to Incorporate the Rideau Club of the City of Ottawa, 29 Victoria, Chapitre 98) fut lu, débattu, amendé et adopté, puis obtint la sanction royale en un temps record. L'empressement des élus s'explique probablement par le fait que parmi les 63 requérants, 34 faisaient partie de l'Assemblée législative (dont le président de la Chambre, Lewis Wallbridge) et 10 siégeaient au Conseil législatif.

Ainsi, plus du quart des membres des deux chambres (soit 28 %) ont sollicité leurs propres collègues pour fonder le Club. Les membres provenaient de tous les partis représentés dans les deux chambres, mais les réformistes, les libéraux-conservateurs et les conservateurs représentaient la proportion la plus forte. En plus de ces hommes politiques se trouvaient des entrepreneurs, des

*The Fathers of Confederation*
*Les Pères de la Confédération*

*Doran's Hotel on Wellington Street, first location of the Club*
*L'hôtel Doran's sur la rue Wellington, première adresse du Club*

Queen's Restaurant at the corner of Wellington Street and Metcalfe Street, where it would remain until 1876.

Existing documentary evidence about these early years does not provide a clear picture of events. The close proximity of the Club to various eating establishments was certainly no coincidence, and likely eased the sharing of certain costs and logistical requirements so that members could be served in an economical and appropriate manner. Undoubtedly there were problems in not having a truly private location, and this would eventually lead to the striking of a Club Building Association in 1875. From that decision, and with a Victorian clubhouse in the offing, the growth of the Club would greatly increase — following endless meetings of committees and debates over finances, furniture, wall-frock, and the future.

financiers et des hauts fonctionnaires qui, même s'ils étaient moins nombreux que les représentants du peuple, allaient jouer un rôle crucial pour le développement du Club. Après tout, Ottawa était leur ville et pas uniquement un endroit où ils passaient la moitié de l'année pour assister à des débats en chambre.

Le 8 juin 1866, les membres de l'Assemblée législative du Canada-Uni se réunirent pour la première fois dans les tout nouveaux édifices du parlement à Ottawa. Comme le souligna Trollope : « [...] l'ensemble d'édifices publics érigés sur un rocher qui protège la ville de la rivière fera la gloire d'Ottawa — et la fait déjà d'ailleurs[11] ». À quelques rues de ce magnifique édifice de style gothique naîtra le Rideau Club, créé par les mêmes hommes qui avaient joué un rôle de premier plan pour réunir quatre colonies disparates dans le nouveau Dominion du Canada qui verra le jour le 1er juillet 1867. On peut lire sur la requête originale d'incorporation du Rideau Club les noms de 13 Pères de la Confédération. Au cours des années qui suivront, de nombreux personnages publics — des

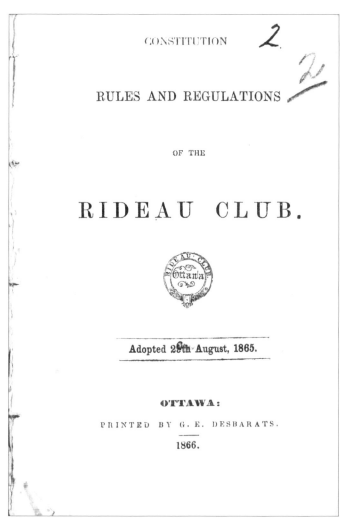

CONSTITUTION

RULES AND REGULATIONS

OF THE

RIDEAU CLUB.

Adopted 29th August, 1865.

OTTAWA:

PRINTED BY G. E. DESBARATS.

1866.

*Cover of the Club Rules and Regulations, 1866*
*Livret des règlements du Club, 1866*

hommes puis des femmes — considéreront le Club non seulement comme un endroit agréable pour se rencontrer et socialiser, mais comme un autre chez soi.

La première adresse du Club fut le 200 rue Wellington dans une aile inutilisée de l'hôtel Doran's où se trouvait également la Banque de Montréal, propriétaire de l'immeuble (autrefois connu sous le nom d'hôtel Royal Exchange). Les locaux — spacieux sans être luxueux à proprement parler — répondaient bien aux premiers besoins du Club dont la situation financière était précaire. Rien ne permet de croire que les membres envisageaient d'occuper leur propre édifice comme les clubs londoniens à la mode. Ce désir se manifestera avec le temps tandis que le Club s'implantera davantage dans la ville. Le Club quitta l'hôtel Doran's en juin 1869 pour s'installer dans le restaurant Queen's à l'angle des rues Wellington et Metcalfe où il demeurera jusqu'en 1876.

Des documents sur le Club ne révèlent pas grand-chose sur le déroulement des événements. La proximité du Club avec différents lieux de restauration, qui n'était certainement pas fortuite, permit probablement au Club de faciliter le partage de certains coûts et besoins logistiques afin de servir ses membres à bon prix, mais de manière convenable. Le fait de ne pas disposer de leur immeuble bien à eux engendra sans doute certains problèmes aux membres qui créèrent la Club Building Association en 1875 dans la perspective d'occuper une maison victorienne. À partir de ce moment, le Club se développa à un rythme soutenu et multiplia les réunions de comités et les discussions portant sur les finances, l'ameublement, la décoration et son avenir.

## CHAPTER TWO

# EARLY CLUB LIFE:

## *Victorian and Edwardian Propriety*

---

*"In case of the conduct of any member…
be injurious to the character and interest of the
Club… or if any member shall be guilty of conduct
unbecoming a gentleman, the Committee may
recommend such a member to resign."*

— ARTICLE XIX, EXPULSION OF MEMBERS,
*RIDEAU CLUB CONSTITUTION & RULES*, 1887

---

The Club, like all similar organizations, has been governed by a set of rules outlined in its constitution. From its inception the principal rule has been pronounced in article I; "Politics and religious questions of every kind shall be absolutely excluded from open discussion in the Club."

The original constitution and rules of the Rideau Club borrowed heavily from London's clubs and likely came via Montreal's Club Saint-James. Admission was governed by an election requiring the candidate to be nominated by one Ordinary member and seconded by another. The name of the nominee was then posted on the Club bulletin board listing his "residence and addition[ally], profession or calling."[1] A secret ballot was held eight days afterwards, where members were free to cast their vote between 10:00 a.m. and 9:00 p.m. Each ballot would be marked with a simple *Yes* or *No*. Each candidate required a minimum of twenty-one ballots in favour. One negative ballot for every ten votes of the total excluded the candidate from election. This was commonly known as "blackballing." Such occasions were rare, with only forty rejections taking place between 1864 and 1964. The first did not occur until 1891. An additional provision required that any candidate who

# LE CLUB À SES DÉBUTS :

## *Convenances victoriennes et édouardiennes*

---

*« Dans l'éventualité où un membre [...] se
comporte de manière injurieuse à l'endroit de
l'identité et des intérêts du Club [...] ou est trouvé
coupable de conduite indigne d'un gentleman,
le Comité peut recommander à ce membre
de donner sa démission. »*

— ARTICLE XIX : EXPULSION D'UN MEMBRE,
*RIDEAU CLUB CONSTITUTION & RULES*, 1887
[TRADUCTION LIBRE]

---

Comme toute organisation semblable, le Rideau Club se dota d'un ensemble de règles énumérées dans sa constitution. La principale est expliquée à l'article I : « Les sujets politiques et religieux de toutes sortes sont formellement exclus des discussions publiques dans l'enceinte du Club. »

La constitution et le règlement administratif d'origine du Rideau Club s'inspiraient largement des établissements londoniens, probablement par l'entremise du Club Saint-James. Pour être admis, un candidat devait d'abord être nommé par un membre régulier appuyé d'un second. Par la suite, le nom du candidat était affiché sur le babillard du Club avec mention de son « lieu de résidence ainsi que sa profession ou sa vocation[1] ». Huit jours plus tard, entre 10 heures et 21 heures, les membres étaient invités à voter en écrivant simplement « Yes » ou « No » sur un bulletin. Pour être admis, un candidat devait recueillir au moins 21 votes. Un seul refus pour chaque lot de dix votes entraînait l'exclusion du candidat. Cette situation appelée *blackballing* ou blackboulage survenait rarement : le premier cas se produisit en 1891 seulement et on n'a compté que 40 candidatures rejetées en un siècle

had twice failed to be elected "shall be ineligible for further proposal."[2]

All clubs tended to be governed by two rules: that members pay their outstanding balances, and that they behave like gentlemen both within and beyond the clubhouse.[3] The threat of expulsion for improper behaviour was very real and brought with it not only significant social shame but also a financial penalty, as the member would not be refunded the $80 initiation/entrance fee or his $20 annual subscription. In an era when the annual average family income stood at $250, membership — and its loss — was costly. Strict rules were outlined with regard to penalties for non-payment of outstanding accounts, although the Club's gentlemanly code seems to have precluded draconian enforcement except in the most egregious instances. Provisions were also in place to suspend or remove members who behaved in an ungentlemanly fashion. There is a record of a Judge of the Exchequer Court of Canada becoming intoxicated

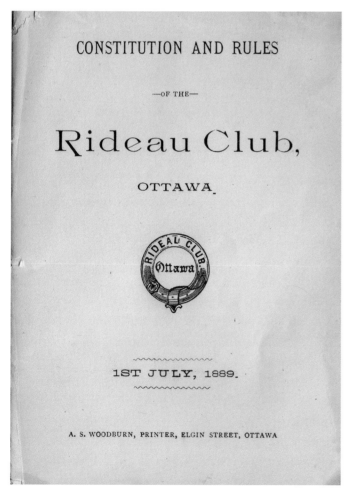

*Cover of the Club Constitution & Rules 1889*
*Livret des règlements du Club, 1889*

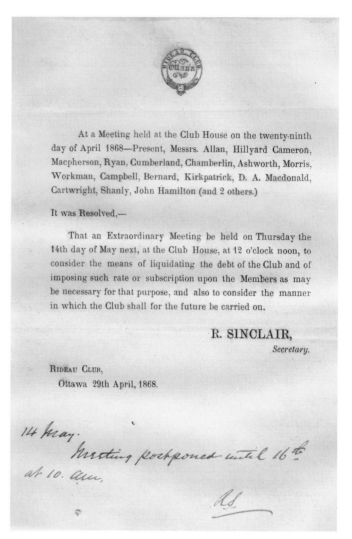

*1868 Executive Committee Meeting notice*
*Avis de convocation d'une réunion du comité exécutif de 1868*

(de 1864 à 1964). Le règlement prévoyait aussi que tout candidat qui n'avait pas été admis après deux tentatives « ne sera pas éligible à une autre élection[2] ».

En règle générale, tous les clubs avaient en commun ces deux règles : les membres devaient acquitter leur solde impayé et se comporter en gentlemen dans l'enceinte du Club, mais aussi à l'extérieur[3]. La menace d'expulsion pour comportement déplacé était bien réelle. En plus d'infliger la honte sur le membre, son exclusion entraînait aussi une pénalité financière puisqu'il ne se voyait rembourser ni les droits d'adhésion de 80 $ ni la cotisation annuelle de 20 $. À une époque où le salaire familial s'élevait en moyenne à 250 $ par année, être membre d'un club privé — et perdre ce titre — coûtait cher. Des pénalités sévères s'appliquaient en cas de non-paiement des comptes, même si le code de conduite du Club semble proscrire toute application de mesures coercitives pour

and accidentally smashing a large bust of the Marquis of Lorne with a frozen turkey. Sadly, no documentation exists as to whether or not this action constituted ungentlemanly behaviour.

From the outset there were three types of membership. Ordinary members were those living in Ottawa or those who would make regular use of the Club. Privileged membership was for those who lived more than five miles from Ottawa and who would not necessarily make frequent use of the Club. (This level was designed for Parliamentarians and members of the military.) Lastly, there was Honorary membership, set aside for the Governor General and other dignitaries deemed to be worthy of the honour, and "such other persons to whom they may unanimously see fit to extend such an invitation."[4]

Aside from those most social of activities, eating and drinking, which provided the Club with the bulk of its income, conversation and various games of leisure were also a focus of Club life. Card games such as whist and bridge were particularly popular during the Victorian and Edwardian periods. English pool, black pool, and billiards were played in the Billiard Room. Charges were levied depending on the type of game. These ranged from fifteen cents per game of one hundred points for billiards to five cents per player per game for pyramids, or thirty cents per hour for other less common games. Mah-jong and chess provided common diversions for members. Except for whist, euchre, and cribbage, gambling was prohibited. Other than backgammon, dice games were forbidden. Nevertheless, poker and blackjack seem to have been quietly tolerated, providing the stakes were reasonable. The Dominion government frowned upon professionalized gambling operations, and it would have done little to enhance the Club's reputation to become known as a gambling house. Ottawa was already replete with discreet stories about the occasional gentleman using the private rooms of the Club for informal discussions with a lady caller whom the same gentleman did not want known to his spouse.

The Club was also a locale of deliberation and ideas. It was, after all, the place where a group of public-minded men gathered on May 29, 1879, following the encouragement of Governor General Lord Lorne, to establish an art association that would grow into the National Gallery of Canada. In its infancy, the Royal Society of Canada, the premier national academic body, also had a close association with the Club.

obtenir un paiement, sauf dans les situations extrêmes. Certaines clauses prévoyaient également la suspension ou l'exclusion de membres qui adoptaient un comportement indigne d'un gentleman. Les archives font état du cas d'un juge de la Cour de l'Échiquier du Canada qui, sous l'effet de l'alcool, aurait accidentellement fracassé un énorme buste du marquis de Lorne avec une dinde congelée. Malheureusement, aucun document ne précise si ce geste était considéré comme indigne d'un homme du monde ou non...

Dès sa fondation, le Club a défini trois catégories de membres : « régulier » pour les résidants d'Ottawa ou ceux qui pouvaient fréquenter le Club régulièrement; « privilégié » regroupant ceux qui habitaient à plus de huit kilomètres de la capitale et ne pouvaient pas nécessairement s'y rendre souvent (comme les parlementaires et les militaires); et enfin « honoraire », une catégorie réservée au gouverneur général, aux autres officiels jugés

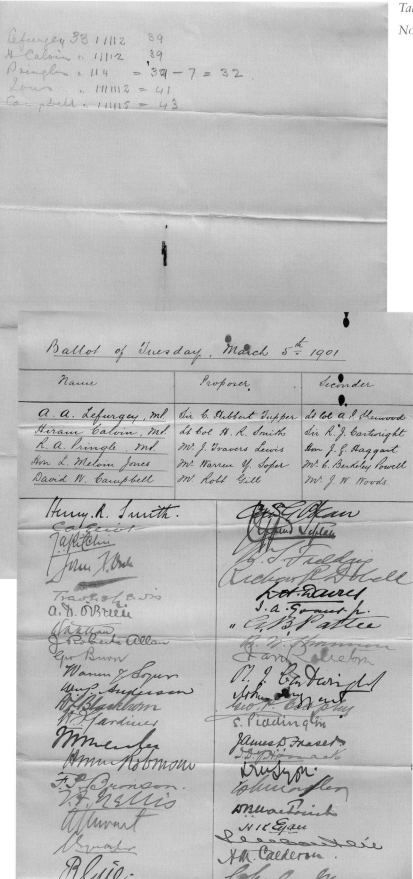

*1901 Ballot Sheet electing new members*

*Bulletin de vote pour l'élection de nouveaux membres en 1901*

dignes de cet honneur ainsi qu'à « toute autre personne qui mériterait, à l'unanimité des membres, une telle invitation[4] ».

À l'exception des rencontres autour d'un verre ou d'un repas — des activités sociales par excellence qui assuraient au Club la plus grande part de ses revenus —, la conversation et les jeux de société occupaient une large place dans la vie du Club. Les jeux de cartes tels le whist et le bridge étaient particulièrement populaires à l'époque victorienne puis édouardienne, de même que tous les types de jeux de billard (dont l'English pool et le black pool) qui disposaient de leur propre salle. Les prix dépendaient du type de jeu, soit 15 cents par partie de 100 points de billard; 5 cents par joueur par partie de pyramide, ou encore 30 cents l'heure pour d'autres jeux moins populaires. Les membres s'adonnaient également au mah-jong et aux échecs. Tant les jeux d'argent — sauf le whist, l'euchre et le cribbage — que les jeux de dés (exception faite du backgammon) étaient interdits. Néanmoins, on tolérait en douce le poker et le blackjack pourvu que les mises soient raisonnables. Le gouvernement du Dominion voyait d'un mauvais œil le jeu professionnel et la réputation du Club aurait été ternie si on l'avait considéré comme une maison de jeu. On entendait souvent à Ottawa chuchoter des histoires d'hommes de la société qui rencontraient des visiteuses dans les salons privés du Club pour bavarder à l'abri des oreilles de leur épouse.

Le Club était aussi un lieu propice aux délibérations et à l'échange d'idées. Après tout, c'est à cet endroit que des hommes voués au service public s'étaient réunis le 29 mai 1879, à l'invitation du marquis de Lorne, gouverneur général, pour fonder une association artistique qui deviendra la Galerie nationale du Canada (renommée par la suite Musée des beaux-arts du Canada). À ses débuts, la Société royale du Canada, grande société savante d'envergure nationale, entretenait aussi des liens étroits avec le Club.

Les premières années, la réussite du Club n'était pas acquise. Il fallut à plusieurs reprises se résigner

## THE RT. HON.
## SIR WILFRID LAURIER
### *(1841–1919)*

Popularly known for his "sunny ways," as Canada's first francophone prime minister Laurier helped usher Canada into the twentieth century and a period of greater independence and national self-awareness. A lawyer by training, he entered the political arena at a young age, serving first in the Quebec legislature and then the House of Commons until his death. His immigration policies helped populate the Canadian West, while his trade policies helped expand industry in central Canada. Although he supported Canada's role in the First World War, he staunchly opposed conscription.

## LE TRÈS HONORABLE
## SIR WILFRID LAURIER
### *(1841–1919)*

Premier francophone à diriger le Canada, Laurier était un homme optimiste qui aida à engager le pays dans le 20ᵉ siècle et à affirmer son indépendance et la conscience nationale de ses citoyens. Avocat de formation, il monta dans l'arène politique à un jeune âge, d'abord à l'Assemblée législative du Québec puis à la Chambre des communes où il siégea jusqu'à sa mort. Ses politiques sur l'immigration ont contribué à peupler l'Ouest canadien tandis que ses mesures commerciales ont permis de développer l'industrie au centre du pays. Même s'il soutenait l'engagement du Canada dans la Première Guerre mondiale, il s'opposa farouchement à la conscription.

*A view of Wellington Street, 1899*

*Vue de la rue Wellington, 1899*

Success was anything but certain in the early life of the Club. On several occasions, assets such as furnishings and wine stocks had to be sold to cover expenses. The situation was particularly dire only six years after the Club's establishment and the Executive Committee was left to "decide whether the Club shall be carried on or be closed after the present session of Parliament."[5] The reliance upon Parliamentarians as the primary source of revenue was problematic, and membership was gradually opened to more businessmen and public servants. By the early 1880s, the viability of the Club was much more established, and it would not be for nearly a century that the organization would be gripped with the question of whether to persist or conclude operations.

While both houses of Parliament had their own restaurants, these were considered more as convenient eateries than places for formal dining or special occasions. The Rideau Club served as the social hub for official Ottawa and was the site for many Parliamentary dinners. These were formal and semi-formal occasions where the great and the good of the land were welcomed, congratulated,

à vendre des meubles et des bouteilles de vin pour couvrir les dépenses. La situation fut particulièrement critique six ans à peine après sa fondation et le comité exécutif dut « décider si le Club devait poursuivre ses activités ou être fermé après la session parlementaire en cours[5] ». Le Club tirait la plupart de ses revenus des parlementaires et puisque cette dépendance présentait un problème, on ouvrit progressivement les portes aux hommes d'affaires et aux fonctionnaires. Au début des années 1880, la condition du Club s'était grandement stabilisée et il s'écoulera près d'un siècle avant que les administrateurs ne s'interrogent à nouveau sur sa viabilité.

Puisque les restaurants situés dans les deux chambres du Parlement étaient considérés davantage comme des cantines que des lieux propices aux repas officiels ou aux occasions spéciales, le Rideau Club était l'endroit privilégié pour les rencontres sociales de dignitaires d'Ottawa. Ses salles à manger accueillaient de nombreux dîners de parlementaires, des rencontres officielles ou semi-officielles pour recevoir, féliciter, remercier ou pleurer les grands hommes du pays autour d'un bon repas agrémenté de

## THE RT. HON.
## SIR WILLIAM MULOCK
### *(1843–1944)*

At the time of his death, Mulock was the oldest member of the Club and also held the record for longest period of membership. An adept politician and later Chief Justice of Ontario, Mulock served as the modernizing Postmaster General of Canada who introduced the highly important Imperial Penny Post (standard letters could be sent for a penny), which improved Canada's trade within the old British Empire. Outside of politics, Mulock also helped found the Toronto-Dominion Bank and the Toronto Star, and served variously as Vice-Chancellor and Chancellor of the University of Toronto. His acolyte William Lyon Mackenzie King (also to become a Club member) would become Canada's longest-serving prime minister.

## LE TRÈS HONORABLE
## SIR WILLIAM MULOCK
### *(1843–1944)*

À sa mort, Mulock était le membre le plus âgé du Club ainsi que le plus ancien. Habile politicien puis juge en chef de l'Ontario, Mulock fut nommé maître des Postes et à ce titre, il fut l'instaurateur de la poste impériale à un penny (le tarif d'expédition des lettres standard) qui améliora les échanges entre le Canada et l'ancien Empire britannique. Outre ses activités politiques, Mulock participa à la fondation de la Banque Toronto-Dominion et du quotidien *Toronto Star*, et assuma les fonctions de vice-chancelier et de chancelier de l'Université de Toronto. Son ami William Lyon Mackenzie King (qui fut lui aussi membre du Club) occupera le plus longtemps la fonction de premier ministre du Canada.

*Centre Block of the Parliament Buildings, c.1880*
*Édifice du Centre sur la Colline du Parlement, v. 1880*

vin et d'alcool en écoutant des discours et des anecdotes. Pour assurer sa rentabilité, la direction devait atteindre l'équilibre délicat entre ses considérations financières et son souci d'élégance, tout en servant des repas à prix concurrentiels. En 1887, un repas du soir coûtait 60 cents et une bouteille de vin, de 60 cents à 1,35 $. Le Club dégageait toujours sa plus grande marge de profit sur les boissons alcoolisées.

Officiellement, le Club a toujours semblé non partisan, mais à certaines périodes, les membres étaient davantage bleu « Tory » que rouge « Grit ». À plusieurs égards, son âme étant de nature politique, il va de soi qu'une grande partie de ce que nous savons du Club à l'époque concerne les membres qui étaient des hommes publics. Après la mort en 1891 de sir John A. Macdonald, fondateur du Club, les conservateurs au pouvoir connurent trois chefs, dont le dernier, sir Charles Tupper, nommé en 1896. Tupper et son cabinet

*Rideau Club, 1905*

# THE OTTAWA CLUB: A WAY STATION

Founded in 1888, the Ottawa Club boasted a significant number of Militia officers, some of whom were unable to gain entry into the Rideau Club. While the Ottawa Club seems to have been a way station for those aspiring to joining the Rideau Club, it also included the likes of Sir John A. Macdonald. Reports of the period explain that the Ottawa Club was "organized to accommodate many who could not be accommodated on the over-taxed membership roll of the Rideau Club."[8] It concluded operations by the end of the Edwardian era, not coincidentally at the time of the expansion of the Rideau Club's membership ceiling in 1907 to 400 from 350.

farewelled and mourned with food, wine, liquor, speeches, and stories. To ensure solvency the management had to strike a fine balance of economy and elegance, and meals had to be priced competitively. By 1887 a dinner cost 60 cents, with wine ranging from 60 cents to $1.35 per bottle. The most significant margin of profit was invariably garnered on wine and spirits.

While the Club has always been non-partisan in official outlook, there have been periods when the membership was more Tory blue than Grit red. In many ways the lifeblood of the organization was politics, so it is only natural that so much of what we know of the Club in this period focuses on the men in public life who were members. Following the death of Club founder Sir John A. Macdonald in 1891, the ruling Tories went through three leaders, culminating in Sir Charles Tupper in 1896. With much fanfare Tupper and his cabinet were sworn into office, followed by a lavish luncheon at the Club where much business was transacted prior to the first meeting of the new ministry. It was to be the shortest-lived government in Canadian history, expiring after just sixty-nine days.

The Club also served as a banquet hall for official Ottawa. The rules permitted the holding of dinners and

# L'OTTAWA CLUB : UNE ÉTAPE

Fondé en 1888, l'Ottawa Club se targuait de réunir un nombre important d'officiers de la Milice, dont certains s'étaient vu refuser l'admission au Rideau Club. Bien que l'Ottawa Club semble avoir été considéré comme une étape obligée pour les candidats qui voulaient être admis au Rideau Club, il comptait tout de même parmi ses membres des hommes éminents de la trempe de sir John A. Macdonald. Selon certains textes du début du 20e siècle, l'Ottawa Club était « organisé de façon à accueillir un grand nombre d'hommes qui ne pouvaient être admis sur le registre de membres déjà trop garni du Rideau Club[8] ». L'Ottawa Club cessa ses activités à la fin de l'époque édouardienne et le Rideau Club profita de cette situation pour augmenter le nombre maximum de membres de 350 à 400 en 1907.

prêtèrent serment en grandes pompes puis participèrent à un copieux déjeuner au Club où l'on conclut beaucoup d'affaires avant même la première réunion du conseil des ministres. Ce sera le gouvernement le plus éphémère de l'histoire du pays puisqu'il fut défait 69 jours plus tard.

Le Club était aussi un lieu de réception pour le Tout-Ottawa. Le règlement permettait la tenue de dîners et de réunions de toute envergure pourvu qu'un certain nombre de membres y assistent. La taille et la grande réputation du Club lui conféraient un statut supérieur à celui des hôtels et des restaurants de la région, particulièrement parce que l'accès était réservé aux membres et à leurs invités.

Il ne fut pas toujours facile pour le Club de maintenir sa neutralité politique, comme l'illustre une anecdote plutôt savoureuse impliquant Joseph Pope (qui deviendra secrétaire de sir John A. Macdonald), neveu de J.H. Pope, un des premiers membres du Club, et fils de James C. Pope, ex-premier ministre de l'Île-du-Prince-Édouard et Père de la Confédération. Lors du premier séjour de Joseph dans la capitale à l'hiver 1882, son oncle, cherchant manifestement à l'introduire dans le cercle politique d'Ottawa, le chargea d'organiser un dîner au Club en l'honneur de quelques collègues du parti Conservateur pour célébrer l'issue de l'élection. Le jeune Pope, néophyte

## JOSEPH BURR TYRELL
### *(1858–1957)*

Canadian explorer, geologist, cartographer, and mining expert J.B. Tyrell achieved a list of accomplishments as long as his ninety-nine years of life. A lawyer by training, Tyrell abandoned office work for the fresh air of the outdoors as part of the Geological Survey of Canada that mapped much of the west and north. Credited with the discovery of the Albertosaurus in the badlands of Alberta, he gained an extensive knowledge of Canada's geology. Following his government service, Tyrell entered the gold mining industry. He is the only member of the Club to have a museum named in his honour, the Royal Tyrell Museum of Paleontology in Alberta, let alone a prehistoric lake.

## JOSEPH BURR TYRELL
### *(1858–1957)*

Ce géologue, cartographe, explorateur et expert minier réalisa une série d'exploits qui ponctuèrent sa longue vie (99 ans). Avocat de formation, J.B. Tyrell abandonna le travail de bureau pour l'air pur de l'Ouest et du Nord du pays à titre de membre de la Commission géologique du Canada qui cartographia presque tout le territoire ouest et nord du pays. Celui à qui l'on doit la découverte de l'Albertosaure dans les badlands de l'Alberta acquit une connaissance approfondie de la géologie du pays. Après avoir travaillé pour le gouvernement, Tyrell s'engagea dans l'industrie aurifère. Il est le seul membre du Club à avoir un musée, le Royal Tyrell Museum of Paleontology en Alberta, et un lac préhistorique nommés en son honneur.

gatherings of various sizes, provided a certain number of members were present. The size and respectability of the venue placed it on a tier above that of local hotels and eateries, especially as access was limited to invited guests and members.

The non-partisan outlook of the Club has not always been easy to maintain. This was illustrated in a rather amusing episode precipitated by Joseph Pope (later secretary to Sir John A. Macdonald), who was a nephew of an early Club member, J.H. Pope, and son of James C. Pope, a former Premier of Prince Edward Island and a Father of Confederation. Pope's uncle was obviously keen to initiate his young nephew into life in official Ottawa, and during Joseph's first winter in the city he tasked him with arranging a dinner at the Club for fellow Conservatives to celebrate the outcome of the 1882 election. The young Pope, a neophyte on state occasions and protocol, was given a list of guests and contacted each

en matière de protocole et d'organisation d'événements d'État, reçut une liste d'invités avec lesquels il devait communiquer à tour de rôle. Sur la liste se trouvait le sénateur A.W. McLellan, mais plutôt que d'inviter cet éminent Tory, Pope convia A.R. McLean, un membre bien en vue du parti Libéral qui accepta l'invitation machinalement et assista à la soirée. Pope se souviendra plus tard que « cette erreur administrative anéantit le principal objectif qui était de donner à ces parlementaires conservateurs, récemment élus, l'occasion d'échanger et de se réjouir. C'eût été un manquement aux règles de l'hospitalité de se comporter ainsi en présence d'un membre de l'opposition, même un seul, un affront que mon oncle ne pouvait tolérer[6] ». À la suite de ce faux pas, on organisa un second repas auquel on prit soin de ne pas inviter le sénateur A.R. McLean.

Parmi les candidats fraîchement élus à la troisième législature du Parlement canadien lors des élections

THE OLD PILOT.

*Sir Wilfrid Laurier*

of them in turn. Among the list was supposed to be Senator A.W. McLellan. Instead of this distinguished Tory, Pope invited A.R. McLean, a prominent Liberal who unwittingly accepted the invitation and attended. Pope would later recall that this clerical error destroyed "the main objective which was to afford an opportunity to these Tory Parliamentarians fresh from the polls to compare notes and jubilate generally. Such a course in the presence of a single member of the opposition would have been a breech of hospitality which my uncle could not permit."[6] As a result of this clerical faux pas another dinner was held to which Senator A.R. McLean was not invited.

Along with other fresh-faced candidates elected to the third Parliament of Canada in the 1874 general election was the young Wilfrid Laurier, who joined the Club shortly after arriving in the capital. For the next forty-five years Laurier was a familiar pillar of the Club and of national politics. To this day he remains the longest serving MP in Canadian history.

The path from Parliament to the Rideau Club became a familiar one for newly summoned Senators and elected MPs. The six-month period following a general election was traditionally accompanied by a flurry of newly minted members. Anecdotal evidence suggests that those seeking office did not petition for membership in the Club — that is, the Club was not a vehicle to enhance one's chances of attaining political office. Rather, membership was something sought afterwards. Of course this rule did not apply to those involved in commerce or finance.

The early life of the Club was not without its unusual events, the most bizarre of which transpired on October 19, 1897. Ferdinand Carrier of Rimouski, Quebec, travelled to Ottawa with a revolver and two boxes of ammunition in search of Prime Minister Laurier. He made his way to the Rideau Club where he was observed brandishing his revolver and crying, "I am after Sir Wilfrid Laurier and I will shoot him!"[7] Club member Berkley Powell was one of the first to confront Carrier, and after a bullet was shot in his direction he rushed into the Club and phoned the police. The revolver discharged a second time before the would-be assassin was apprehended, not far from the American Consul's office. There was no danger to Laurier, who was in Montreal at the time. Carrier, who turned out to be a disappointed office seeker, was subsequently brought before a judge and imprisoned. Providence spared Laurier the fate that befell the only member of

générales de 1874 se trouvait le jeune Wilfrid Laurier, qui était devenu membre du Rideau Club peu après son arrivée dans la capitale. Au cours des 45 années suivantes, Laurier fut un pilier du Club et une grande personnalité de la politique nationale. Il demeure à ce jour le député qui occupa son siège le plus longtemps dans l'histoire du pays.

De nombreux sénateurs et députés empruntèrent le même itinéraire reliant leur nouveau siège au parlement au Rideau Club. Les six mois suivant une élection générale généraient habituellement un afflux de nouveaux membres. Quelques documents semblent prouver que les candidats cherchant à se faire élire ne demandaient pas à être admis au Rideau Club : ils ne considéraient pas l'adhésion au Club comme un moyen d'accroître leurs chances d'être admis, mais plutôt comme une distinction à laquelle on aspirait par la suite. Bien entendu, cette règle ne s'appliquait pas aux hommes d'affaires et aux financiers.

Le Club fut à ses débuts le théâtre d'événements inhabituels. Le plus bizarre se produisit le 19 octobre 1897. Le Québécois Ferdinand Carrier de Rimouski se rendit à Ottawa armé d'un revolver et de deux boîtes de munitions. Il se présenta devant le Rideau Club où on l'aperçut brandir son arme en hurlant : « Je cherche sir Wilfrid Laurier et je vais le tuer[7]! » Berkley Powell, un membre, fut l'un des premiers à affronter Carrier. Le forcené tira une balle dans sa direction, mais Powell se précipita à l'intérieur et appela la police. Carrier eut le temps de tirer une seconde fois avant d'être appréhendé à proximité du bureau du consul des États-Unis. La vie de Laurier ne fut jamais menacée puisqu'il se trouvait à Montréal. Il s'avéra que Carrier était un candidat déçu dans sa quête d'un poste qui fut traduit en justice et emprisonné. La Providence épargna à Laurier le destin du seul membre du Club à être assassiné : Thomas D'Arcy McGee, nationaliste irlandais et Père de la Confédération qui fut tué d'une balle à la tête en 1868 à son retour dans la pension de famille où il logeait, tard un soir après un débat parlementaire.

Sir William Mulock fut l'un de ceux qui demeurèrent membres du Club le plus longtemps. Collègue de Laurier puis confident et mentor de William Lyon Mackenzie King, il incarnait à la perfection l'esprit universel de l'homme du monde de l'époque victorienne. Mulock devint membre du Club en 1883, peu de temps après son élection comme député. Il fut ministre de la Couronne, juge en chef de l'Ontario, fondateur de la Dominion

*Thomas D'Arcy McGee*

the Club to be assassinated, Thomas D'Arcy McGee, the Irish nationalist and Father of Confederation who in 1868 was shot in the head when returning to his Sparks Street boarding house after a late-night Parliamentary debate.

One of the longest serving Club members of the period was Sir William Mulock. An acolyte of Laurier and later a close confidant and mentor of William Lyon Mackenzie King, he epitomized the polymath nature of the Victorian gentleman of public life. Mulock joined the Club in 1883, shortly after coming to Ottawa as an MP. Having served as a Minister of the Crown, Chief Justice of Ontario, founder of the Dominion Bank (forerunner of TD Canada Trust) and Chancellor the University of Toronto, Mulock remained an active member of the Club until his death in 1944 at the age of 100.

Another of Mulock's generation who made a similar mark on Canada was Joseph B. Tyrell. He joined the Club in 1892 while a member of the Canadian Geological Survey that was responsible for mapping and cataloguing much of Canada's west. Tyrell went on to discover dinosaur fossils in the badlands of Alberta and became a noted cartographer, a highly successful geologist, and a mining consultant.

Bank (ancêtre de TD Canada Trust) et chancelier de l'Université de Toronto. Mulock demeura un membre actif du Club jusqu'à son décès en 1944 à l'âge vénérable de 100 ans.

Un autre homme de la même génération joua un rôle de premier plan dans l'histoire du pays. Joseph B. Tyrell devint membre du Club en 1892 alors qu'il était membre de la Commission géologique du Canada chargée de cartographier et d'inventorier la majeure partie de l'Ouest canadien. Tyrell découvrira plus tard des fossiles de dinosaures dans les badlands de l'Alberta et deviendra un géologue et expert minier remarquable.

## CHAPTER THREE

# ANSWERING THE CALL:
## *The Club and the Military*

---

*"Officers in Her Majesty's Army and Navy, and of the active Militia, while on service or full pay shall be eligible as Privileged members, for such time and on such terms as the Committee may determine."*

— RIDEAU CLUB CONSTITUTION AND RULES, 1887

---

Although Ottawa has long been home to a number of Royal Canadian Navy, Canadian Army, and Royal Canadian Air Force messes, all of which offer "club life" comforts, the Rideau Club has historically had a special relationship with the Canadian military.

During the nation's early period many Canadians had some involvement with the military through the Canadian Militia, the volunteer part-time army that was occasionally called out in times of emergency. The administration of the Militia moved to Ottawa in 1864. The Militia was composed of citizens from all levels of society and was a forum where the business, social, and political elite converged and interacted.

When the volunteer Civil Service Rifle Corps was relocated from Québec to Ottawa in 1861, its officers and members of the Club became almost one and the same. During the Fenian Raids of 1866, when a group of Irish-Americans attacked the Canadian border in an effort to force Great Britain to give Ireland independence, the Civil Service Rifles, along with the entire Canadian Militia, were called out. In Ottawa, the Militia's main role was to protect government buildings and establishments. These included the newly completed Parliament Buildings and the main post office on Elgin Street. Not surprisingly, a significant element of the Civil Service Rifles officers regiment could be found at the Rideau Club during

# LE CLUB RÉPOND À L'APPEL DES FORCES ARMÉES

---

*« Les officiers de l'Armée et de la Marine de Sa Majesté ainsi que ceux de la Milice active, qu'ils soient en service ou reçoivent leur solde entière, seront admissibles à titre de membres privilégiés pour une durée et selon des conditions que le Comité déterminera. »*

— RIDEAU CLUB CONSTITUTION & RULES, 1887
[TRADUCTION LIBRE]

---

Même si on trouvait depuis longtemps à Ottawa de nombreux mess de la Marine royale canadienne, de l'Armée canadienne et de l'Aviation royale canadienne qui permettaient de profiter des avantages de la « vie de club », le Rideau Club entretenait une relation particulière avec les militaires canadiens sur le plan historique.

Au début de l'histoire du pays, de nombreux Canadiens étaient associés à la vie militaire par l'entremise de la Milice canadienne, l'armée de terre formée de volontaires à temps partiel auxquels on faisait appel en situation d'urgence. L'administration de la Milice s'installa à Ottawa en 1864. Regroupant des citoyens de toutes les classes, la Milice était un lieu de rencontre où convergeaient et interagissaient les représentants de l'élite des affaires, de la vie sociale et de la politique.

Lorsque le Civil Service Rifle Corps quitta Québec pour s'établir à Ottawa en 1861, ses officiers et les membres du Club ne firent pratiquement qu'un. Lors des invasions des féniens en 1866, quand un groupe d'Irlando-Américains attaqua la frontière canadienne en vue de forcer la Grande-Bretagne à accorder l'indépendance à l'Irlande, on fit appel au Civil Service Rifle ainsi qu'à la Milice canadienne au grand complet. À Ottawa, le rôle de la Milice consistait essentiellement à protéger les édifices et les établissements gouvernementaux,

DEPARTMENT OF MILITIA AND DEFENCE.

Ottawa, 12th July, 1910.

Dear Sir,

With further reference to Colonel Benson in regard to whose membership I spoke to you, from present appearances he is not likely to remain in Ottawa for any length of time.

In November, General Lake is expected to return to England, and his doing so will cause a number of changes which in all probability will be the means of taking Colonel Benson away.

Can he not be put up for two or three months as a privileged member till we see what happens. If you will bring the matter before the Committee at its next Meeting, I shall be extremely obliged; as I am sure most of us would like to have the Colonel in the Club for the time he is with us.

Thanking you for your kindly interest in the matter,

Believe me,

Yours very sincerely,

J Lyons Biggar

A. Z. Palmer, Esq.,
    Secretary,
       Rideau Club,
          OTTAWA, ONT.

*Request from the Department of Militia and Defence for privileged membership to be extended.*

*Demande du ministère de la Milice et de la Défense afin de prolonger la période d'adhésion des membres privilégiés.*

*Badge of the Civil Service Rifle Regiment, in which so many early members of the Club served.*

*Écusson du Civil Service Rifle Corps, dans lequel ont servi beaucoup de membres à l'origine du Club.*

mealtimes. The Club also provided meals to the Militia at government expense.

The protection of government buildings — which rather conveniently included the Club on Wellington Street — was under the direction of Lieutenant Colonel William M. White, Commanding Officer of the Civil Service Rifles, a loyal Club member and keen horticulturalist. In his spare time, aside from serving the Crown in various capacities, he founded the Ottawa Horticultural Society. White and those under his command were never called upon to repel the Fenians, who failed to reach the capital. During the emergency the Club famously provided meals for members of the Militia, as

notamment les tout nouveaux édifices du Parlement et le bureau de poste principal sur la rue Elgin. C'est sans surprise qu'on pouvait trouver au Rideau Club à l'heure des repas un nombre important d'officiers des Civil Service Rifles. Le Club nourrissait aussi la Milice aux frais du gouvernement.

La protection des édifices gouvernementaux — qui par un heureux hasard incluaient le Club situé rue Wellington — était la responsabilité du lieutenant-colonel William M. White, commandant du Civil Service Rifle Corps, membre loyal du Club et horticulteur passionné. En plus d'occuper différentes fonctions au service de la Couronne, il fonda dans ses temps libres la Société horticole d'Ottawa. White et les hommes sous ses ordres ne furent jamais appelés à repousser les assauts des féniens puisqu'ils ne parvinrent pas à atteindre la capitale. En pleine crise, il est de notoriété publique que le Club avait servi à manger aux membres de la Milice : « [...] à précisément six heures, tous ceux qui ne montaient pas la garde s'attablèrent au centre du manège militaire devant un véritable festin digne de tous les gourmets; tout était fumant et les serveurs étaient très agiles [...] nous nous sommes assis, bien déterminés à apaiser notre faim titillée par les plats fumants; cette fois, nous avons progressé

LT COL. WM WHITE, C.M.G.
HON LT. COLONEL.

## LIEUTENANT-COLONEL
## WILLIAM M. WHITE
### *(1830–1912)*

A British civil servant who moved to Canada to work in the post office department, White became a leading member of the Canadian Militia and fully immersed himself in Ottawa life. He played a role in the 1880 Royal Commission that proposed important reforms to the civil service, but his diverse interests were not limited to military and state affairs alone. A founding member of the Ottawa Horticultural Society, he served as president on no less then four separate occasions and was noted as one of Ottawa's keenest gardeners of the period.

## LIEUTENANT-COLONEL
## WILLIAM M. WHITE
### *(1830–1912)*

Ce fonctionnaire britannique s'établit au Canada pour travailler aux postes. White deviendra un membre de premier plan de la Milice canadienne et s'engagea à fond dans la vie sociale d'Ottawa. En 1880, il participa à la Commission royale qui proposa des réformes importantes à la fonction publique, mais ses intérêts variés ne se limitaient pas à l'armée et aux affaires d'État. Il fonda la Société horticole d'Ottawa qu'il présida à non moins de quatre reprises et était reconnu à l'époque comme l'un des meilleurs jardiniers de la capitale.

recorded in these words: "Precisely at six o'clock, all those who were not on sentry, sat down to a fine spread in the centre of the Government Armory as any gourmand could possibly desire; everything was piping hot, and the waiters very agile....We sat determined to allay the hunger that was only the more tantalized by the steaming dishes; this time we progressed famously, finished the beef in good style, and commenced on a rich old plum pudding."[1]

Until the Second World War, the majority of military members at the Club were part-time soldiers who had professional and business interests outside of uniform. The war brought an increased relaxation of the rules to allow non-residents of Ottawa to obtain membership at a very reasonable rate, and by its end there was an increased presence of diplomats and full-time professional soldiers — usually of Flag or General Officer rank.

à grand train, nous avons terminé le bœuf avec panache et avons fait honneur à un plum-pudding vieilli bien riche[1] ».

Jusqu'à la Seconde Guerre mondiale, la plupart des militaires membres du Club étaient des réservistes qui avaient une profession ou des intérêts dans les affaires. La guerre entraîna un certain relâchement des règles pour permettre aux non-résidants d'Ottawa d'adhérer au Club moyennant un droit très raisonnable. À la fin du conflit, on vit une augmentation du nombre de diplomates et de soldats de carrière à plein temps, généralement du grade d'officier général.

Les exigences de la Première Guerre mondiale entraînèrent une baisse considérable de l'effectif du Club. Au début de 1914, le Club comptait 558 membres, soit le maximum atteint jusque-là. En février de l'année suivante, le nombre de membres avaient chuté à 345 membres. Ce

*Members of the Canadian Militia in Ottawa c. 1866 during the Fenian Raids*
*Membres de la Milice canadienne à Ottawa v. 1866 à l'époque des raids féniens*

The demands of the First World War saw a significant drop in overall Club membership. In early 1914 the Club had 558 members, its largest complement up to that point. By February 1915 this had plummeted by nearly 40 percent to a mere 345. This decline coincided closely with incredible growth of the Canadian Expeditionary Force (CEF) in the early years of the Great War. By the time of the CEF's demobilization in 1919, membership had increased to 492.

It was not only the Club membership that answered the call of King and Country, but also many of the staff. Colonel Alexander (Aleck) McDougall, a member since 1905, did not help the Club's staff situation. As Commanding Officer of the 244th Battalion of the Canadian Forestry Corps, McDougall poached eleven staff from the Club to serve in the Corps. This group included bellboys, doormen, assistant cooks, and waiters. During a visit to the Battalion by the Duke of Connaught, who had just recently departed Canada after serving as Governor General, His Royal Highness struck up a conversation with some of the enlisted men and, according to one newspaper account, asked one soldier what he knew about forestry. "I don't know anything about lumbering, but I can learn," he replied. "Well," said the Duke, "at any rate that is the right spirit. But what have you been doing recently?" "Waiter at the Rideau Club, Your Royal Highness," he replied. "And what are you going to do in the forestry battalion?" asked the Duke. "Cookee, Your Right Highness." When saying goodbye to Colonel Aleck (later to become a Major General), the Duke could not resist a little joke. "Well, goodbye and good luck, Colonel, and also my congratulations. You have a fine

déclin de près de 40 % coïncida avec la croissance phénoménale du Corps expéditionnaire canadien (CEC) au cours des premières années de la Grande Guerre. À la démobilisation du CEC en 1919, l'effectif du Club avait regrimpé à 492 adhérents.

Les membres du Club, mais aussi bon nombre d'employés, répondirent à l'appel « du Roi et de la patrie ». Le colonel Alexander (Aleck) McDougall, membre depuis 1905, ne régla pas le problème de pénurie de personnel au Club : il recruta 11 employés pour le 244e bataillon du Corps forestier canadien dont il était commandant. Ce groupe comprenait des chasseurs, des portiers, des aides-cuisiniers et des serveurs. Lors d'une visite au bataillon, le duc de Connaught, qui venait de quitter le Canada au terme de son mandat de gouverneur général, se mit à bavarder avec les militaires et demanda à l'un d'eux ce qu'il savait de la foresterie. « Je ne connais rien à la coupe de bois, mais je peux apprendre », lui a-t-il répondu. « Eh bien, a répliqué le duc, vous avez la bonne attitude. Mais qu'est-ce que vous faisiez avant? » « Serveur au Rideau Club, Votre Altesse. » « Et que ferez-vous dans le Corps forestier? » « Je serai cuisinier, Excellence. » En prenant congé du colonel Aleck (qui deviendra major-général), le duc ne put s'empêcher de lancer cette blague : « Alors au revoir et bonne chance, mon colonel, et félicitations! Vous dirigez un groupe d'hommes impressionnants et avec tous ces employés du Rideau Club à la cuisine, vous allez certainement bien manger! »

Pendant la Première Guerre mondiale, le maintien du nombre d'employés et de membres fut un souci constant pour la direction du Club. Par contre, le déclenchement de la Seconde Guerre mondiale n'entraîna pas un déclin rapide du nombre de membres : en 1939, on comptait 373 membres réguliers et à la fin du conflit, ils étaient 5 de plus après la démobilisation de la Marine, de l'Armée et de l'Aviation. Au cours des dernières années de guerre, l'effectif avait baissé à 318 membres, mais cette diminution avait été largement compensée par une augmentation du nombre de membres privilégiés, en grande partie recrutés parmi les officiers et diplomates affectés à Ottawa. Le nombre de membres de cette catégorie a plus que décuplé, passant de 17 à 180 en 1944. Le Club était un endroit animé où on discutait longuement de la guerre

## ADMIRAL SIR CHARLES KINGSMILL
### *(1855–1935)*

The father of the Royal Canadian Navy, Kingsmill left Canada as a young man to join the Royal Navy and saw service around the world during the highly tumultuous 1880s and 1890s. Retiring from active service in 1908, Kingsmill moved to the Ottawa area and in 1910 was appointed by Sir Wilfrid Laurier to head the Canadian Naval Service. He continued in this role throughout the First World War, ultimately becoming the first Canadian to hold the rank of full Admiral. He would remain active in the Club until his death.

## AMIRAL SIR CHARLES KINGSMILL
### *(1855–1935)*

Considéré comme le père de la Marine royale du Canada, Kingsmill quitta le Canada lorsqu'il était jeune homme pour s'engager dans la Marine royale britannique. Il voyagea à travers le monde dans les années 1880 et 1890, une période fort agitée. Kingsmill quitta le service actif en 1908 pour s'établir dans la région d'Ottawa et deux ans plus tard, sir Wilfrid Laurier le nomma à la direction du Service naval canadien. Il conserva ces fonctions lors de la Première Guerre mondiale et devint le premier Canadien à obtenir le grade d'amiral. Kingsmill demeura un membre actif du Club jusqu'à sa mort.

CANADA AT WAR

body of men, and with all these Rideau Club men around you as cookees you will certainly have good meals!"

Throughout the First World War, maintaining staffing and membership levels was a constant concern for the Club's executive. The Second World War, though, did not result in a precipitous decline in membership. The number of ordinary members in 1939 stood at 373, and by the time the war concluded and members of the RCN, Canadian Army, and RCAF were demobilized, membership was 378. During the later years of the war membership had declined to 318, but this was more than compensated for by an increase in privileged members — largely made up of officers and diplomats posted to Ottawa. Their numbers grew more than tenfold, from 17 to a high of 180 in 1944. The Club was a busy place and a venue for much wartime discussion in the quiet corners of its dining room, lounge, and bridge room.

One of the more notable wartime-related events of national significance to take place at the Club came in the wake of the acrimonious national debate over

dans la salle à manger, le salon ou la salle de bridge, à l'abri des oreilles indiscrètes.

Un des événements d'importance nationale les plus remarquables à se dérouler au Club en temps de guerre eut lieu à la suite du débat acrimonieux sur la conscription, un sujet qui avait causé beaucoup de tensions entre les francophones et les anglophones lors du premier conflit mondial. Des relents du débat de 1917 ont resurgi lors de la Seconde Guerre. De nombreux acteurs de cette saga étaient membres du Club, notamment le premier ministre, le chef de l'opposition, le ministre de la Défense et son prédécesseur, ainsi que le chef d'état-major général.

La campagne des Libéraux de William Lyon Mackenzie King lors de l'élection fédérale de 1940 pourrait se résumer en ces termes : « La conscription si nécessaire, mais pas nécessairement la conscription. » Mackenzie King fut élu et son gouvernement adopta une loi au nom euphémique — la Loi sur la mobilisation des ressources nationales (LMRN) — qui permettait au gouvernement de mieux

conscription. During the First World War this had caused much tension between French and English Canadians, and elements of that 1917 debate resurfaced during the Second World War. Many of the principal actors in the saga were members of the Club. They included the Prime Minister, the Leader of the Opposition, the Minister of Defence, the recently resigned Minister of Defence, and the Chief of the General Staff.

In the 1940 federal election, William Lyon Mackenzie King's Liberals ran on a platform best summarized as "conscription if necessary, but not necessarily conscription." Mackenzie King was victorious and subsequently introduced the euphemistically entitled *National Resource Mobilization Act*. This allowed for greater government oversight of various war-related matters and conscription of able-bodied men for service in Canada — but not for overseas service. As the war dragged on it became increasingly apparent to military planners that some form of conscription for overseas service was required to enhance the strength of the Canadian Armed Forces. In 1942 Mackenzie King held a plebiscite to ask Canadians for their views and to release him from his previous election promise. English Canadians voted overwhelmingly in support of conscription, French Canadians voted decisively against. The Mackenzie King government amended the Act to allow for conscription of men for overseas service.

One staunch supporter of conscription was Colonel J.L. Ralston, who like Mackenzie King was a member of the Rideau Club. Ralston was forced to resign from Mackenzie King's cabinet in late 1944 as a result of ongoing tensions related to conscription, which he wanted implemented more robustly than the ever-cautious Prime Minister. His replacement as Minister of National Defence was General A.G.L. McNaughton, another long-time member of the Club.

Much of the political intrigue and machinations surrounding this highly sensitive issue transpired at the Club. One participant was Maurice Pope, then a colonel serving in the Canadian Army and the son of Sir Joseph Pope. In November 1944, shortly before Mackenzie King's government announced the mobilization of conscripts for overseas service, Pope met with Jack Pickersgill (then Assistant Private Secretary to Mackenzie King) to revise a speech General McNaughton was to give in the Commons on mobilization. Work on the speech concluded at 5:00 a.m. the next morning. That day, when

supeviser toutes les questions reliées à la guerre et ouvrait la voie à la conscription de tous les hommes valides pour servir au Canada, mais non à l'étranger. Tandis que le conflit s'éternisait, il devenait de plus en plus évident pour les stratèges militaires qu'il était nécessaire de procéder à une forme de conscription pour le service outre-mer en vue d'augmenter la puissance des Forces armées canadiennes. En 1942, Mackenzie King organisa un plébiscite pour connaître l'opinion des Canadiens et leur demander de le dégager de sa promesse électorale. Les anglophones votèrent nettement en faveur de la conscription alors que les francophones étaient largement contre. Le gouvernement Mackenzie King modifia la loi pour permettre l'envoi de soldats au combat outre-mer.

Le colonel J.L. Ralston, un ardent défenseur de la conscription, était comme Mackenzie King membre du Rideau Club. Il fut forcé de démissionner de son cabinet à la fin de 1944 en raison des tensions causées par la conscription : il souhaitait la mettre en vigueur avec beaucoup plus de rigueur que le premier ministre, toujours prudent. Le général A.G.L. McNaughton, lui aussi membre de longue date du Club, le remplaça à la tête du ministère de la Défense nationale.

Une grande part des intrigues politiques et des complots au sujet de cet enjeu explosif se transportèrent au Rideau Club. Un de ses acteurs fut Maurice Pope, à l'époque colonel dans l'Armée canadienne et fils de sir Joseph Pope. En novembre 1944, peu avant l'annonce par le gouvernement de Mackenzie King de la conscription pour le service outre-mer, Pope rencontra Jack Pickersgill (qui était secrétaire particulier adjoint du premier ministre) pour réviser un discours sur la mobilisation que le général McNaughton devait prononcer aux Communes. Ils terminèrent à cinq heures le lendemain matin et quelques heures plus tard lorsque Pope se rendit déjeuner au Club, raconta-t-il : « [...] tandis que je me trouvais dans le vestiaire, j'ai aperçu monsieur R.B. Hanson, un des chefs de file de l'Opposition, accompagné d'un journaliste et d'un ami à qui il annonça avec enthousiasme : "Il a changé d'avis!". Je me suis aperçu dès cet instant qu'il y avait eu une fuite et, sans vouloir en entendre davantage, je me suis précipité à l'étage du dessus, hors de leur portée. La nouvelle s'est répandue comme une traînée de poudre et avant même la fin de mon repas, elle avait atteint la table à laquelle je me trouvais : monsieur King avait changé sa politique et lorsque les travaux reprendraient en Chambre à trois heures cet

## MAJOR GENERAL (RET'D)
## ERNEST B. CREBER
*(1927–    )*

An electrical engineer by training, Creber joined the Royal Canadian Electrical and Mechanical Engineers in 1951 and retired in 1982 as a Major General in the Canadian Air Force. In addition to serving in peacekeeping operations, he spent time as Chairman of the Canada Safety Council and on the Board of Directors of the CNIB (formerly Canadian National Institute for the Blind). In 1998, while the Club was without a General Manager, Creber played a central role in managing the Club along with then President John Scott. During his presidency of the Club, official armorial bearings were granted recognizing the historic and influential role of the Club. A keen golfer, Creber is also a member of the Royal Ottawa Golf Club, maintaining an important link between these two clubs, which have shared so many members over the past century.

## MAJOR-GÉNÉRAL (RET)
## ERNEST B. CREBER
*(1927–    )*

Ingénieur électricien de formation, Creber joignit le Corps royal canadien des ingénieurs électriciens et mécaniciens en 1951. À sa retraite en 1982, il était major-général de l'Aviation canadienne. En plus de servir lors de missions de maintien de la paix, il fut président du Conseil canadien de la sécurité et siégea au conseil d'administration de l'Institut national canadien pour les aveugles. En 1998, le Club se trouva sans directeur général et Creber se consacra à la gestion de l'établissement avec la collaboration du président de l'époque, John Scott. Au cours de sa présidence, le Club obtint ses armoiries officielles en reconnaissance de son rôle historique influent dans la société. Golfeur émérite, Creber est aussi membre du club de golf Royal Ottawa et assure le maintien des relations entre les deux clubs qui ont de nombreux membres en commun depuis un siècle.

Pope went to lunch at the Club, he later recalled, "While still in the cloak room I noticed Mr. R.B. Hanson, one of the leading members of the Opposition, in the company of a newspaperman, and heard the former excitedly exclaiming to a nearby friend, 'He's switched.' I realized at once there had been some leakage of information and I waited to hear no more but bolted upstairs out of reach. The news spread like wildfire and before I had finished my lunch word came to the table at which I was sitting that Mr. [Mackenzie] King had switched his policy and that when the House resumed at 3 o'clock that afternoon he would introduce a conscription measure of sorts. ... I fled the Club and sought the sanctuary of the East Block."[2]

That afternoon the Prime Minister and the Minister of National Defence announced that 16,000 men from Canada were being sent to Europe for overseas service. It was one of the most important debates to occur during the war, one that had a lingering influence on military matters and relations between French and English Canada.

While the first five decades of the Club's life saw military members drawn almost entirely from the Canadian Militia, with the development of the RCN and RCAF members of the other services gained admittance. Two examples can be found in the Club's first naval and air force members. After retiring in 1908 from a distinguished career in the Royal Navy, Rear-Admiral Sir Charles Kingsmill returned to his native Canada and settled in

après-midi-là, il allait imposer une mesure de conscription [...]. J'ai fui le Club pour me réfugier à l'abri dans l'édifice de l'Est[2]. »

En effet, plus tard dans la journée, le premier ministre et le ministre de la Défense nationale annoncèrent que 16 000 Canadiens seraient envoyés au combat en Europe. Ce débat, l'un des plus importants de la Seconde Guerre mondiale, eut une influence qui persiste encore sur les questions d'ordre militaire et les relations entre les anglophones et les francophones du pays.

Au cours des 50 premières années d'existence du Club, les membres militaires provenaient presque exclusivement de la Milice canadienne. Toutefois, avec la création de la Marine et de l'Aviation canadiennes, on admit des membres d'autres services. Par exemple, en 1908, après sa retraite d'une remarquable carrière au sein de la Marine royale, le contre-amiral sir Charles Kingsmill rentra au Canada où il était né pour s'établir à Ottawa où le gouvernement du Dominion lui confia la direction du Service de protection de la pêche. Vraisemblablement encouragé par son ami, le premier ministre sir Wilfrid Laurier, Kingsmill devint membre du Club. Deux ans plus tard, Kingsmill avait acquis plus de responsabilités au Service naval du Canada (qui deviendra la Marine royale canadienne). Ainsi, le premier membre du Club à être dans la MRC n'était nul autre que son fondateur. Kingsmill s'installa au bord d'un lac près de Portland au sud d'Ottawa et même longtemps après avoir pris sa retraite,

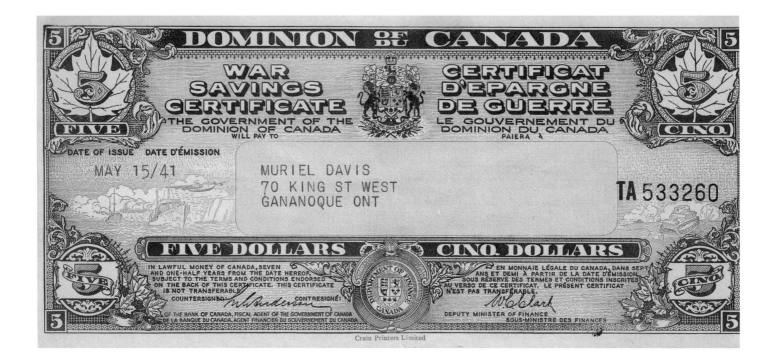

Ottawa where the Dominion government put him in charge of the Fisheries Protection Service. Kingsmill became a member of the Club, no doubt encouraged by his friend Prime Minister Sir Wilfrid Laurier. By 1910 Kingsmill's responsibilities had grown into the Naval Service of Canada — the service that would become the Royal Canadian Navy. Thus the first member of the Club to be a member of the RCN was none other than the RCN's founder. Long after his retirement, Kingsmill, who moved south of Ottawa to a lakefront property near Portland, would make regular trips into the city for meetings and reunions with colleagues and friends at the Club.

The first member of the RCAF to join the Club would, like Kingsmill, go on to command his branch of the Canadian Armed Forces. While still a Group Captain,

il se rendait régulièrement en ville pour rencontrer des amis et collègues au Club Rideau.

Le premier membre de l'Aviation royale canadienne à adhérer au Club sera appelé, tout comme Kingsmill, à diriger sa propre arme des Forces armées canadiennes. J. Stanley Scott fut admis au Club en 1928 alors qu'il était colonel d'aviation puis membre de la jeune Aviation royale canadienne. Il avait défendu son pays avec distinction lors des deux conflits mondiaux et avait même été décoré de la Croix militaire et de la Croix de l'Aviation. À sa retraite de l'ARC en 1962, il portait le grade de maréchal de l'air et commandant.

Nombre de présidents du Club furent membres actifs de la Milice et des forces permanentes. Le premier fut le lieutenant-colonel Hewitt Bernard, deuxième président du Club. En 1864, il fut secrétaire de la Conférence de

*Speaker of the Senate, Noël Kinsella, Vice-Admiral Dean MacFadden, Club President Peter Hyde, Speaker of the House of Commons Peter Milliken, and Commodore René J. Marin pose prior to MacFadden's address to the Club, 2009*

*Le président du Sénat Noël Kinsella, le vice-amiral Dean MacFadden, le président du Club Peter Hyde, le président de la Chambre des communes Peter Milliken et le commodore René J. Marin avant le discours de MacFadden devant les membres du Club en 2009*

J. Stanley Scott, then a member of the fledgling RCAF, joined the Club in 1928. Scott had served with distinction in the two world wars (and had been awarded the Military Cross and Air Force Cross), and upon his retirement in 1962 was an Air Marshal and Commander of the RCAF.

A number of the Club's presidents were active in the militia and permanent forces, beginning with Lieutenant Colonel Hewitt Bernard, the second president. Bernard acted as Secretary of the 1864 Quebec Conference [on Confederation] and would go on to serve as Deputy Minister of Justice following Confederation. A quarter of a century later the president was Colonel Walker Powell, a veteran of the Fenian Raids of 1866 and 1870 and the Northwest Rebellion of 1885. He was Adjutant-General of the Canadian Militia in addition to being an elected member of the Legislative Assembly of the Province of the United Canadas, selling insurance, and owning a shipping company.

Seven years and three presidents later, Powell was followed by Colonel De la Cherois T. Irwin, the man credited with introducing golf to Ottawa. A native of Ireland, Irwin was a full-time officer in the Royal Artillery who held a number of posts in Ottawa and played a central role in the establishment of the Royal Canadian Artillery.

The 1960s saw a pair of Flag Officers elected to head the Club with Vice-Admiral Harold T.W. Grant, serving from 1960 to 1962, and Rear Admiral Wallace B. Creery, from 1964 to 1965. In more recent times other members of the Canadian Armed Forces have been elected to the presidency of the Club. Air Marshal Hugh Campbell, who served in the RCAF during and following the Second World War and went on to be appointed to the Legislative Assembly of the North-West Territories, was president in 1986. Major General Ernest Creber served as president from 1999 to 2000.

To this day Flag and General officers in the Canadian Forces are eligible to become Members (Governance). This has been particularly beneficial for the Club in more recent years, with a number of Members (Governance) transferring to the Members (Ordinary) category, thereby becoming more deeply involved in the Club's affairs.

Québec (sur la Confédération) et deviendra sous-ministre de la Justice après la Confédération. Le président du Club en poste un quart de siècle plus tard, le colonel Walker Powell, était un vétéran des invasions des féniens de 1866 et 1870, ainsi que de la Rébellion du Nord-Ouest de 1885. Il était adjudant général de la Milice canadienne en plus d'être membre élu de l'Assemblée législative du Canada-Uni. En outre, il vendait de l'assurance et possédait une société de transport maritime.

En 1871, soit trois présidents plus tard, Powell fut suivi par le colonel De la Cherois T. Irwin, l'homme à qui l'on doit l'introduction du golf à Ottawa. Natif d'Irlande, Irwin était officier à temps plein de l'Artillerie royale, occupa différentes fonctions dans la capitale et joua un rôle de premier plan dans la fondation de l'Artillerie royale canadienne.

Dans les années 1960, deux officiers généraux furent élus présidents du Club : le vice-amiral Harold T.W. Grant (1960–1962) et le contre-amiral Wallace B. Creery (1964–1965). Plus récemment, d'autres membres des Forces armées canadiennes ont présidé le Club Rideau : le maréchal de l'Air Hugh Campbell, qui servit dans l'Aviation royale canadienne pendant et après la Seconde Guerre mondiale puis fut nommé à l'Assemblée législative des Territoires du Nord-Ouest, fut président en 1986. Le major-général Ernest Creber assuma cette fonction en 1999–2000.

Les officiers généraux de l'Armée canadienne sont admissibles au Club dans la catégorie Membres (gouvernance). Cette mesure a été particulièrement profitable pour le Club au cours des dernières années puisque bon nombre de ces membres passent à la catégorie de membres réguliers et peuvent ainsi s'engager davantage dans les affaires et les activités du Rideau Club.

## CHAPTER FOUR

# THE AGE OF EQUALITY:
## *Evolving Patterns of Membership*

---

*"We, as an important national institution, would be setting an example. We would be leading the way in meeting the demands of Canadian women that they be fully accepted into a free social democracy."*

— REPORT ON MEMBERSHIP OPTIONS, 1979

---

# LE CLUB EN MARCHE VERS L'ÉGALITÉ

---

*« À titre de grande institution de calibre national, nous pourrions donner l'exemple. Nous pourrions paver la voie et répondre aux demandes des Canadiennes d'être pleinement acceptées au sein d'une démocratie sociale libre. »*

— REPORT ON MEMBERSHIP OPTIONS, 1979
[TRADUCTION LIBRE]

---

Clubs are by their very nature exclusive organizations with finite membership and peculiar customs, and are usually reflective of prevailing social norms in relation to prejudice and exclusion.

Historically some clubs have boldly stated that only certain individuals were eligible. The Albany Club of Toronto originally held the rule "no person shall become a Member of the Club unless a Conservative."[1] Limiting membership on the basis of partisan political considerations survives in only a few clubs, notably London's Carlton Club. Membership restrictions have tended to be much more nuanced and often insidious — exclusion was frequently achieved through blackballing.

The Rideau Club did not employ an actual black ball dropped into a voting box but used a secret ballot system as a way of preventing nominees from becoming members. A minimum of twenty-one votes in favour was required for admittance. However, if a nominee had one in ten votes cast against, the nomination would fail. This meant a small group of only a few members could control the outcome.

Blackballing was often malicious and reciprocal. It was a significant obstacle to becoming a member. Conversely, it could also be problematic in expanding a club's membership base, an issue that "eventually became a threat to the very existence of some clubs."[2]

Par leur nature propre, les clubs sont des organismes exclusifs qui acceptent un nombre limité de membres et imposent des usages particuliers qui, en règle générale, reflètent les normes sociales en vigueur pour ce qui est des préjugés et de l'exclusion.

Certains clubs affirmaient clairement qu'ils ouvraient leurs portes uniquement à certaines personnes. Le règlement de l'Albany Club de Toronto, par exemple, stipulait à l'origine que « seul un Conservateur peut devenir membre du Club[1] ». Il n'existe plus que quelques clubs qui limitent encore leur accès en fonction de critères d'appartenance politique, notamment le club Carlton de Londres. Les restrictions sont généralement beaucoup plus nuancées et insidieuses : on excluait souvent les candidats au moyen du blackboulage.

Le Rideau Club n'avait pas recours à proprement parler à une boule noire déposée dans l'urne pour signaler l'exclusion de certains candidats. Un minimum de 21 voix favorables était requis pour être admis. Toutefois, si un candidat obtenait un vote contre lui pour chaque lot de dix votes, il ne pouvait devenir membre. Ainsi, un petit groupe pouvait décider de l'issue du vote.

Le blackboulage — un obstacle de taille pour tout candidat — était souvent réciproque et malicieux. Cette pratique pouvait entraver la croissance du membership

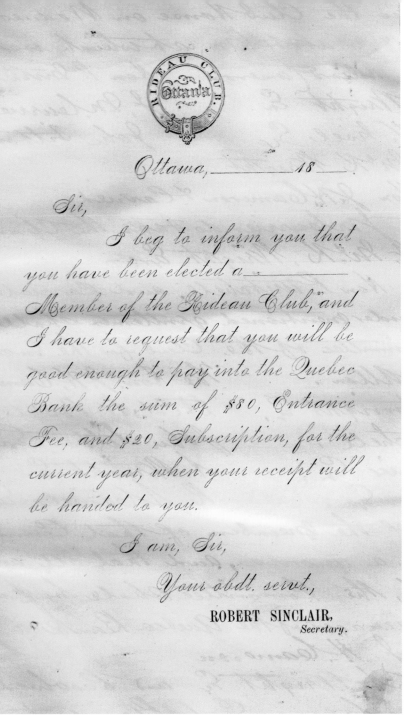

*Form requesting that a newly elected member accept to join the Club.*

*Formulaire demandant à un membre nouvellement élu de confirmer son adhésion.*

The rules of the Rideau Club made reference to male members with no reference to women. The exclusion of Jews was more covert and certainly required effort to maintain. This was not unique to the Rideau Club, given the general undercurrent of anti-Semitism woven into Canadian society until relatively recent times.

Counter-intuitively, French Canadians, a group often marginalized in other areas of public and private life in Canada until the 1970s, were not subject to the same level of discrimination. The reason for this was likely

et « éventuellement menacer l'existence même de certains clubs[2] ».

Le règlement du Rideau Club faisait état de membres masculins sans faire aucune référence aux femmes. L'exclusion des juifs était une mesure plus sournoise et son maintien exigeait sans doute des efforts. Cette pratique d'exclusion n'était pas unique au Rideau Club et s'inscrivait dans le courant antisémite sous-jacent dans la société canadienne jusqu'à relativement récemment.

Par contre, contrairement à ce qu'on serait porté à croire, les Canadiens-français, un groupe souvent marginalisé dans d'autres secteurs de la vie publique et privée jusque dans les années 1970, ne faisaient pas l'objet d'une discrimination de même ampleur, probablement en raison du rôle influent joué par de nombreux francophones lors de la fondation du Club, sans oublier la notion que le Canada était né d'un pacte entre les Français et les Anglais : ils étaient des partenaires égaux dans la Confédération qui fut à l'origine du Dominion du Canada en 1867. Trois géants de l'histoire du Canada français ont participé à la création du Rideau Club : sir George-Étienne Cartier, sir Hector Langevin et sir Narcisse-Fortunat Belleau.

Le nombre de membres francophones continua à croître progressivement, notamment avec la venue de sir Wilfrid Laurier et de plusieurs générations de la famille Taschereau, ce qui démontre la souplesse du Club à accepter des candidats étrangers à l'élite anglophone et largement protestante. Il faut dire que jusqu'aux années 1960, les membres francophones du Club étaient presque exclusivement des parlementaires et des hauts fonctionnaires et qu'aucun service ne fut offert dans les deux langues officielles avant la fin du 20e siècle. Néanmoins, l'ensemble des membres n'était pas homogène et reflétait la diversité des hommes qui tenaient les rênes au gouvernement et dans les affaires.

Le Rideau Club n'était pas un bastion réservé aux protestants. D'ailleurs, la règle interdisant les discussions de nature religieuse visait à éviter les tensions entre les chrétiens de différentes confessions. Dès sa fondation, le Club a accueilli des catholiques romains, notamment Thomas D'Arcy McGee. Avec l'ouverture de nombreuses délégations diplomatiques permanentes à Ottawa après la Seconde Guerre mondiale, des membres privilégiés (hauts-commissaires et ambassadeurs) de confessions musulmane, shintoïste, bouddhiste et hindoue furent admis. Il semble que le premier non-chrétien à adhérer

connected to the role of a number of prominent French Canadians in establishing the Club, not to mention the view that Canada was a compact between French and English — equal partners in the enterprise known as Confederation that gave birth to the Dominion of Canada in 1867. The founding members of the Club included three giants of French-Canadian history: Sir George-Étienne Cartier, Sir Hector Langevin, and Sir Narcisse-Fortunat Belleau.

The gradual growth of French-Canadian membership continued with other figures such as Sir Wilfrid Laurier and generations of the Taschereau family. This demonstrates the flexibility of the Club in accepting candidates from outside its traditional anglophone and largely Protestant elite. True, until the 1960s francophone members of the Club were almost entirely drawn from

au Club fut le D$^r$ Chieh Lieu, ambassadeur de la République de Chine au Canada admis en 1947 à titre de membre privilégié.

De toute évidence, aucune mesure n'interdisait aux non-chrétiens de visiter le Club : le premier ministre Mackenzie King y reçut le consul de Chine en avril 1922 pour discuter de l'immigration et de la lourde taxe d'entrée perçue sur les immigrants chinois, et le premier ministre de l'Inde, Jawaharlal Nehru, fut accueilli en 1949.

L'interdiction des femmes était écrite noir sur blanc, mais la convention non écrite selon laquelle un membre ne pouvait être ni d'obédience ni de descendance juive était plus subtile et tous les membres ne la reconnaissaient pas. C'est ce qui explique la nature souvent cachée de l'antisémitisme lorsqu'on n'en traitait pas ouvertement.

*The Rideau Club during its Centennial Year, 1965*
*Le Rideau Club en 1965, année de son centenaire*

## LOUIS RASMINSKY
### *(1908–1998)*

A native of Montreal, Rasminsky was a leading expert in monetary issues and banking processes. Early in his career he served at the League of Nations; he went on to become the third Governor of the Bank of Canada. Rasminsky played a key role in the Bretton Woods agreement that laid the foundations for a new international monetary system after the Second World War. His governorship of the Bank of Canada in the 1960s and early 1970s saw the country shepherded through a difficult financial period fraught with political and economic uncertainty. A prominent member of Canada's Jewish community, Rasminsky spent a lifetime fighting against anti-Semitism.

## LOUIS RASMINSKY
### *(1908–1998)*

Natif de Montréal, Rasminsky fut un expert de premier plan des questions monétaires et des procédures bancaires. Au début de sa carrière, il siégea à la Société des nations. Plus tard, il devint le troisième gouverneur de la Banque du Canada. Rasminsky joua un rôle clé dans le système de Bretton Woods qui jeta les fondements d'un nouveau système monétaire international après la Seconde Guerre mondiale. Au cours de son mandat à titre de gouverneur de la Banque du Canada dans les années 1960 et au début des années 1970, il fut témoin d'un contexte financier difficile aggravé par le climat d'incertitude politique et économique. Membre éminent de la communauté juive du Canada, Rasminsky lutta toute sa vie contre l'antisémitisme.

Parliamentarians and senior public servants, and there would be no bilingual services until the latter part of the twentieth century. Nevertheless, the membership was far from homogeneous and tended to reflect the diversity of those who held authority in high office and commerce.

The Club was not an exclusive bastion of Protestants, indeed one of the motivations behind the Club's rule against discussing religious issues was to avoid tensions between those of different Christian denominations. From the beginning membership included Roman Catholics, notably Thomas D'Arcy McGee. With the establishment of many permanent diplomatic legations in Ottawa following the Second World War, privileged members of the Muslim, Shintoist, Buddhist, and Hindu faiths were admitted by way of various High Commissioners and Ambassadors. It would appear that the first non-Christian member of the Club was Dr. Chieh Lieu, Ambassador of the Republic of China to Canada, who became a privileged member in 1947.

There was certainly no prohibition on non-Christians visiting the Club. Prime Minister Mackenzie King entertained the Chinese Consul to Canada in April 1922 at the Club where they discussed Chinese immigration to Canada and the onerous Head Tax that was imposed upon Chinese immigrants. Prime Minister Nehru of India would visit in 1949.

Unlike the ban on women as members, the unwritten convention that membership was not open to those of the Jewish faith or ancestry was subtler and not recognized by all members — hence the oft-covert nature of anti-Semitism when not addressed directly. When Canadian author and journalist Peter C. Newman was elected as a member of the Club in 1960, no one seemed to be aware of his religious affinities. In 1940 at the age of 11, Newman and his parents had escaped Nazi-occupied Czechoslovakia and settled in Canada. Newman had all the hallmarks of an establishment man, having attended Upper Canada College and then serving in the Royal Canadian Navy. His journalistic prowess also enhanced his nomination for membership. His Jewish background was unknown to the small clique of anti-Semitic members of the Club.

Given that the blackball system afforded anonymity to those who were likely to vote against the election of Jewish nominees, a new system had to be devised — one that would make the election of members more transparent and less susceptible to a few ballots marked with *No*.

Lorsque l'auteur et journaliste canadien Peter C. Newman fut admis en 1960, personne ne semblait connaître son allégeance religieuse. En 1940, alors qu'il avait 11 ans, Newman avait fui la Tchécoslovaquie occupée par les nazis avec ses parents pour s'établir au Canada. Diplômé de l'Upper Canada College et vétéran de la Marine royale canadienne, il avait tous les attributs d'un membre de l'establishment. Ses succès en journalisme avaient également milité en sa faveur et la petite clique de membres antisémites du Club ignorait tout de ses origines juives.

Puisque le blackboulage permettait d'assurer l'anonymat des membres susceptibles de rejeter les candidats juifs, on dut mettre au point un nouveau système plus transparent et dont l'issue dépendrait dans une moindre mesure d'une poignée de votes négatifs.

Au début des années 1960, un des juifs les plus en vue au Canada était Louis Rasminsky, gouverneur de la Banque du Canada et économiste de grande réputation. En dépit de sa réussite professionnelle inégalée, Rasminsky n'était pas membre du Club. Plus de dix ans après avoir été admis, il déclara : « [...] il est vraiment nuisible à ma réputation de prétendre que je m'humilierais au point de demander d'être admis dans un club qui, il était de notoriété publique, n'accueillait pas les juifs. En fait, je n'avais aucune intention de devenir membre du Rideau Club[3] ». Rasminsky avait été nommé à la banque centrale par le premier ministre de l'époque, John Diefenbaker, qui militait depuis toujours contre les préjugés. Plusieurs anecdotes prétendent que « le Chef » évitait le Club entre autres à cause de son exclusion tacite des juifs, mais aussi parce que c'était, selon lui, un repaire de Grits.

Un petit groupe de membres acceptèrent le mandat de trouver un moyen de régler le problème insidieux du blackboulage ancré dans le sectarisme : A.D.P. Heeney (ancien greffier du Conseil privé, sous-secrétaire d'État aux Affaires extérieures et ambassadeur du Canada à Washington), Blair Fraser (rédacteur en chef de la revue *Maclean's* à Ottawa) ainsi que Nicholas (Nick) Monsarrat (auteur britannique renommé) et Davey Dunton (président de l'Université Carleton). L'éminent journaliste et membre du Club Charles Lynch les décrivit avec à-propos comme les « chefs de file du soulèvement de 1964[4] ». Ils ne pouvaient envisager d'attaquer de front le problème de l'antisémitisme et ceux qui le défendaient. L'autre option qui s'offrait à eux consistait à changer la méthode de sélection : obliger les membres à justifier le rejet d'un candidat, affaiblir le pouvoir de veto de quelques

By the early 1960s, one of the most prominent Jews in Canada was Louis Rasminsky, Governor of the Bank of Canada and a highly respected economist. Despite unparalleled success in his field and at the Bank's headquarters in Ottawa, Rasminsky was not a member of the Rideau Club. More than a decade after becoming a member, he reflected, "It is seriously damaging to my reputation to suggest that I would so demean myself as to seek admission to a club which it was well known did not then welcome Jewish members. In fact, I had no desire to become a member of the Rideau Club."[3] Rasminsky had been appointed to the central bank by then Prime Minister John Diefenbaker, who was a lifelong crusader against prejudice. Various anecdotes suggest that "the Chief" avoided the Club in part on account of its unofficial ban on Jewish members and also because he believed the Club to be a nest of Grits.

The problem of how to deal with the insidious blackball wielded in the cause of bigotry was left to a small group of members who took up the cause: A.D.P. Heeney

# RIDEAU CLUB

One Hundredth Anniversary Dinner
November 18th, 1965

Centennial Address
*by*
His Excellency the Governor General
The Right Honourable
GEORGES P. VANIER, D.S.O., M.C., C.D.

MENU

Celery                    Olives

Consomme du Centenaire

Arctic Char Saute Meuniere

Charcoal Broiled Filet Mignon
aux Champignons

Chateau Potatoes                    Amandine Peas

Frozen Nesselrode Pudding
Petit Fours

Coffee

(former clerk of the Privy Council, Under-Secretary of State for External Affairs, Ambassador to Washington), Blair Fraser (Ottawa Editor of *Maclean's*), Nicholas (Nick) Monsarrat (the notable British author), and Davey Dunton (President of Carleton University). Charles Lynch appropriately described them as the "leaders of the 1964 uprising."[4] Attacking the root cause of the anti-Semitism and the members who held such views was not a viable option. The next best solution was to change the selection mechanism. Forcing members to declare their reasons for voting against a particular nominee, weakening the veto power of a few *No* ballots and abolishing the black-ball was the most practical way forward. In 1957 an attempt had been made to introduce a membership committee to select ordinary members, but this proposal was not successful.

As the Club's centennial approached, the plan to abolish the blackball and open the Club's membership roster to Jews was developed. Along with future Club president Denis Coolican, Heeney was aided by Norman Robertson, who had succeeded him as clerk of the Privy Council.

Heeney (a long-time friend of Rasminsky) and Coolican both found it unconscionable that the Club was excluding members on the basis of religious faith. Coolican proposed polling the entire membership, having a good sense of where the blackball vote was concentrated. Mr. Justice Douglas C. Abbott, then serving on the Supreme Court of Canada and a former Club president, had a novel suggestion of how to get around the Club's procedure, pointing to the success of the membership committee system adopted by the University Club in Montreal.

The leaders of the uprising, Heeney, Fraser, Monsarrat, and Dunton approached Rasminsky to encourage him to stand for membership. Three other leading Jewish citizens were also asked to allow their names to be sent forward: David Golden (a federal deputy minister who would go on to become president of Telesat Canada), Lawrence Freiman (a businessman and department store owner), and Bernard Alexandor (a well-known Ottawa lawyer). Rasminksy gave it some thought and voiced a concern that he did not want his nomination and that of three other prominent Jews to be a token gesture — it had to signal a permanent change. Only after he was assured that the blackball system of admission was being abandoned did he allow his name to stand.[5] So passionate

votes contre et abolir le *blackballing* s'avéra la façon la plus directe d'aller de l'avant. Il y avait eu en 1957 une tentative de mettre sur pied un comité d'adhésion pour sélectionner des membres ordinaires, mais cette proposition ne fut pas retenue.

À l'approche du centième anniversaire du Club, on envisagea d'abolir le système de blackboulage et d'ouvrir les portes aux membres juifs. Heeney (un vieil ami de Rasminsky) fut assisté de Norman Robertson, qui avait pris sa relève au poste de greffier du Conseil privé, ainsi que de Denis Coolican, futur président du Club.

Heeney et Coolican jugeaient inadmissible que le Club exclue des candidats en raison de leur religion. Ce dernier proposa de sonder l'opinion de l'ensemble des membres, tout en ayant une bonne idée de l'identité de ceux qui contrôlaient le *blackballing*. Le juge Douglas C. Abbott, un ancien président du Club qui siégeait à l'époque à la Cour suprême du Canada, proposa un moyen novateur pour contourner la procédure du Club inspiré du système de comité d'adhésion adopté par le University Club de Montréal.

Les chefs de file du « soulèvement » (Heeney, Fraser, Monsarrat et Dunton) approchèrent Rasminsky ainsi que trois autres juifs de grande renommée — David Golden (un sous-ministre du gouvernement fédéral qui deviendra président de Telesat Canada), Lawrence Freiman (homme d'affaires et propriétaire d'un grand magasin) de même que Bernard Alexandor (un avocat bien connu de la capitale) — pour les inviter à demander l'adhésion au Club. Après mûre réflexion, Rasminsky craignit que sa nomination et celle des trois autres juifs ne soient qu'un geste symbolique : il fallait que cette ouverture marque un changement permanent. Il accepta de poser sa candidature seulement après avoir obtenu l'assurance que le système d'admission basé sur le blackboulage serait aboli[5]. Cet enjeu tenait tant à cœur à Heeney qu'il jura de quitter le Club en signe de protestation si les quatre candidats n'étaient pas admis.

Une circulaire fut envoyée à tous les membres pour les informer de la tenue d'une assemblée spéciale extraordinaire le 29 juillet 1964 en vue de discuter du système d'élection des nouveaux membres. Le document, rédigé avec diplomatie et circonspection, expliquait les inconvénients du blackboulage sans faire état ouvertement du problème de l'antisémitisme. Peu de temps après, le contenu de la note ainsi que des interprétations trompeuses et les noms des quatre candidats d'origine juive

## THE RT. HON.
## JEANNE SAUVÉ
### *(1922–1993)*

A native of Prud'homme, Saskatchewan, Sauvé attained a variety of firsts for Canadian women. Following a career with the CBC's French-language broadcaster Radio-Canada, she entered electoral politics by winning a federal seat in 1972 under Pierre Trudeau. Sworn in as Minister of State for Science and Technology, she was the first female Quebec cabinet minister. She would hold a number of other cabinet posts and was eventually elected in 1980 as the first female Speaker of the House of Commons. In 1984 she was appointed Governor General, a position she held until 1990. Her lifetime of work in pursuit of equality for women had a profound influence on the Club and its development in the 1970s.

## LA TRÈS HONORABLE
## JEANNE SAUVÉ
### *(1922–1993)*

Née à Prud'homme en Saskatchewan, Jeanne Sauvé fut une pionnière dans plusieurs domaines. Après avoir fait carrière à Radio-Canada, elle se lança en politique fédérale et obtint un siège en 1972 dans le gouvernement de Pierre Trudeau. Assermentée comme ministre d'État à la Science et à la Technologie, elle fut la première Québécoise ministre au fédéral. Elle dirigea de nombreux autres ministères et fut, en 1980, la première femme à présider la Chambre des communes. En 1984, on la nomma gouverneure générale du Canada, une fonction qu'elle occupa durant six ans. Elle consacra toute sa vie à l'égalité des hommes et des femmes, et exerça une influence marquante sur le Club et son développement dans les années 1970.

about the matter was Heeney that he promised that if the cohort he recommended were not elected, he would resign in protest.

On July 29, 1964, a special general meeting was called to discuss the system of membership election. In advance of this a circular was dispatched to all members. The notice was diplomatic and circumspect, explaining the disadvantages of the blackball system while not specifically addressing the issue of anti-Semitism. Shortly thereafter the notice and misleading stories were on the front page of every Ottawa newspaper along with the names of the four Jewish nominees. It did not take long for this to reach the newswires and in short order it was a national story.

The day that the special general meeting was supposed to be held, the Chair of the management committee, Norman Robertson, who was one of the most influential public servants Ottawa had ever known, convened an emergency meeting. Freiman and Rasminsky were so embarrassed by the media reports that they had initiated the process of withdrawing their nominations. Following publication of an apology by the *Ottawa Citizen* and herculean efforts on the part of the Club executive to apologize to the four slighted nominees, the nominations remained. The matter was resolved at a meeting of the Committee of Management on September 1, whereby the chair of the Membership Committee reported that his Committee had unanimously approved for ordinary membership Alexandor, Freiman, Golden, and Rasminsky. A number of media outlets noted the irony that many members of the Club were associated with these four gentlemen through the regular course of their business.

In the end, out of a membership of 565 ordinary members, eight came forward to object to either the abandonment of the blackball or the selection of certain candidates proposed. None of the objections raised against the candidates was deemed to be valid and the four nominees were unanimously approved.

Equal membership for men of all religious faiths had been achieved. The first Jewish president was Michael Baylin (2001–02). The next stage in broadening the membership eligibility — to more than half the population — was a more arduous and lengthy episode in the history of the Club.

The name of the first woman to enter the Rideau Club officially remains unknown, although the first woman to join the staff was the spouse of one of the kitchen cooks.

*Bernard Alexandor*

*Lawrence Freiman*

However, if some of the members object to the new system of selection of members, they are within their rights under the constitution to request a special General Meeting of the Club on a requisition signed by ten or more Ordinary Members.

The Chairman of the Membership Committee made his report to the Committee. The President then called for a vote by open ballot and the following gentlemen were unanimously approved for Ordinary Membership,-

| | |
|---|---|
| Bernard Alexandor, Esq., Q.C., Lawyer, Ottawa, Canada. | Proposer,-C.J. Mackenzie, C.M.G., M.C. |
| | Seconder,-Hon. Mr. Justice D. C. Abbott |
| Jarmin G. Craig, Esq., Ottawa Representative, Chrysler Canada Ltd., Ottawa, Canada. | Proposer,-S.F.M. Wotherspoon, Esq. Q.C. |
| | Seconder,-Charles G. Gale, Esq. |
| Lawrence Freiman, Esq., Executive, A. J. Freiman, Ltd., Ottawa, Canada. | Proposer,-Comm. F.J.D. Pemberton, C.D., R.C.N. |
| | Seconder,-J. Ross Tolmie, Esq., Q.C. |
| David A. Golden, Esq., Air Industries Assoc., of Canada, Ottawa, Canada. | Proposer,-A. Davidson Dunton, Esq. |
| | Seconder,-Dr. O. M. Solandt, O.B.E. |
| Fred A. Lynds, Esq., President, Station C.K.C.W., Moncton, N.B. | Proposer,-Gordon F. Henderson, Esq., Q.C. |
| | Seconder,-William W. Buchanan, Esq. |
| Calvert Coates Pratt, Esq., Executive, St. John's, Newfoundland. | Proposer,-Hon. J. W. Pickersgill, P.C., M.P. |
| | Seconder,-Hon. John J. Connolly, O.B.E., Q.C. |
| Louis Rasminsky, Esq., C.B.E., Governor, Bank of Canada, Ottawa, Canada. | Proposer,-Blair Fraser, Esq. |
| | Seconder,-A. Davidson Dunton, Esq. |

The question of how to deal with the members of the press who are members of the Club was again discussed, and it was agreed that, rather than bring the members of the press before the Committee, the President should personally speak to the publishers of the Journal and the Citizen expressing the concern of the Committee that private business of the Club is being made public causing considerable embarrassment to the individuals reported upon and also to the Club.

*Minutes noting the election of Alexandor, Freiman, Golden, and Rasminsky*

*Procès-verbal annonçant l'élection de messieurs Alexandor, Freiman, Golden et Rasminsky*

She started work in October 1867 following the resignation of the steward. More women employees would follow in wake of labour shortages during the First World War. The Club lost more than half of its staff following the outbreak of that war, and the only way to cover staff requirements was to hire women servers and cleaners. It was then traditional for some staff to be afforded onsite accommodation. This presented some difficulties for the staff living arrangements on the top floor of the clubhouse,

firent la une de tous les journaux d'Ottawa. En peu de temps, les agences de presse avaient repris la nouvelle qui fit le tour du pays.

Le jour où l'assemblée générale devait avoir lieu, le président du comité de gestion, Norman Robertson (qui fut l'un des hauts fonctionnaires les plus influents qu'Ottawa connut) convoqua une réunion d'urgence. Freiman et Rasminsky étaient à tel point offusqués par la fuite médiatique qu'ils comptaient retirer leur nomination. À la suite de la publication d'une excuse dans les pages du *Citizen* d'Ottawa et des efforts colossaux de la direction du Club pour s'excuser auprès des quatre candidats offensés, ceux-ci conservèrent leurs candidatures. Le problème fut réglé le 1er septembre lors d'une réunion du comité de gestion au cours de laquelle le président du comité d'adhésion expliqua que les membres de son comité avaient accepté à l'unanimité les candidatures d'Alexandor, de Freiman, de Golden et de Rasminsky. Des médias soulignèrent qu'ironiquement, un grand nombre de membres fréquentaient déjà ces quatre hommes dans le cadre normal de leurs affaires.

Au bout du compte, 8 des 565 membres réguliers s'opposèrent soit à l'abandon du système de blackboulage, soit à l'admission de certains des candidats proposés. Aucun des arguments exprimés pour rejeter les candidats n'a été jugé valable et les quatre ont été admis à l'unanimité.

Le Club avait réussi à ouvrir ses portes aux hommes de toutes confessions sur un pied d'égalité. Le premier président de confession juive fut Michael Baylin (2001–02). L'étape suivante consistant à élargir l'admissibilité aux femmes fut l'épisode le plus houleux et le plus long de l'histoire du Club.

On ignore le nom de la première femme à avoir été admise officiellement au Rideau Club. En revanche, on connaît la première employée : l'épouse de l'un des cuisiniers fut embauchée en octobre 1867 après la démission de l'intendant. De plus en plus de femmes grossirent les rangs en raison de la pénurie de main-d'œuvre masculine pendant la Première Guerre mondiale. Le Club perdit plus de la moitié de son personnel au déclenchement de cette guerre et pour combler ses besoins, il dut se résigner à engager des femmes pour le service aux tables et le ménage. À l'époque, il était

and an effort was made to set up separate quarters on the basis of gender.

Women were allowed into gentlemen's clubs only as guests or domestic servants.[6] It was only in 1929 that the women were declared to be "persons" by the Judicial Committee of the Privy Council; shortly after this momentous decision the first female Senator, Cairine Reay Mackay Wilson, was appointed. The struggle for equality was incremental and lethargic. The welcoming of women into the Club, first as guests and finally as full members, was one of their last — albeit symbolic — steps to overcoming institutional barriers to full participation in Canadian society.

The Club executive was not oblivious to the changing times, and in 1961 it established a Ladies' Lounge on the Club's main floor. The upper floors though were to remain open to men alone, other than at specific times and for special occasions. Space that had been leased to a government agency was converted into a sitting area for the wives and unmarried daughters of Club members to take luncheon. This Lounge opened in May 1963 and provided for a separate ladies' entrance, not unlike a Victorian schoolhouse.

The first proposal for a Ladies' Dining Room was made in 1921 by Club member D'Arcy Scott, a prominent lawyer and former Mayor of Ottawa. Following some procedural delays, the plan was determined to be unfeasible at the 1923 Annual General Meeting in the presence of the largest number of members hitherto assembled. It would not be until 1950 that women guests would be admitted to the Club for dinner or refreshments — and only in specific areas of the clubhouse.

The establishment of the Ladies' Lounge was most likely an early attempt at forestalling the inevitable. It could accommodate thirty-eight guests and was designed by Architect John B. Roper. Notably, the décor was not in the stodgy wood-panelled style of the rest of the Club. The renovations were not well received by at least one

coutume d'offrir à certains employés de résider au Club et cette pratique présenta quelques difficultés, mais on réussit à aménager des quartiers distincts pour les hommes et les femmes au dernier étage du Club.

Les femmes n'étaient admises dans les clubs qu'à titre d'invitées ou de domestiques[6]. C'est en 1929 seulement que le comité judiciaire du Conseil privé les déclara être des « personnes » et peu après cette décision capitale fut nommée la première sénatrice, Cairine Reay Mackay Wilson. La lutte pour l'égalité des sexes fut lente et progressive. L'accueil des femmes au Club, d'abord à titre d'invitées puis de membres à part entière, fut l'une des dernières étapes — quoique symbolique — pour

LADIES DINING LOUNGE

CAPT. JOHN B. ROPER PRODUCED PLANS AND SKETCHES FOR THE PROPOSED DINING LOUNGE AND GAVE THE COMMITTEE A BREAKDOWN OF THE APPROXIMATE TOTAL COST OF ABOUT $40,000 PLUS A SUM OF $10,000 FOR IMPROVEMENTS CONSIDERED NECESSARY IN THE BASEMENT WHICH WOULD BE DONE MORE CONVENIENTLY AT THE SAME TIME.

AFTER DISCUSSION IT WAS DECIDED THAT ALL MEMBERS OF THE COMMITTEE SHOULD BE MADE FAMILIAR WITH THE DETAILS IN ORDER TO PRESENT THEIR RECOMMENDATION AS A COMMITTEE TO A SPECIAL GENERAL MEETING.

THE MEETING THEN ADJOURNED.

PRESIDENT                    SECRETARY-TREASURER.

*Minute approving the Ladies' Dining Lounge,*
*22 November 1962*

*Extrait du procès-verbal du 22 novembre 1962 autorisant*
*l'aménagement d'une salle à manger pour les dames*

*The Ladies' Annex Lounge, 1964*
*Le salon des dames, 1964*

of the more ancient members of the Club. He postulated that "the perforated panels are of such a violent colour and so uncomplimentary to the apparel of ladies, that I can only think it was selected as the colour of the political party in power at the time."[7] Another member described the setting as more suited for a Trans-Canada Airlines Lounge.

A number of embarrassing incidents had arisen on account of the refusal to allow women entry to the upper floors of the Club, let alone full membership. One of the first of these took place in 1959 when August Lindt, the United Nations High Commissioner for Refugees, was the guest of honour at a luncheon put on at the Club by the Department of External Affairs. Agnes Ireland, the Canadian official responsible for refugees, was invited but refused entry on the basis of her gender. This episode

surmonter les obstacles institutionnels entravant leur pleine participation dans la société canadienne.

La direction du Club n'était pas insensible à l'évolution des mœurs. Pour preuve, on aménagea en 1961 un salon pour les dames au rez-de-chaussée. Les étages supérieurs, par contre, demeuraient réservés aux hommes, sauf à certaines périodes et lors d'occasions spéciales. On convertit des locaux qui avaient auparavant été loués à une agence gouvernementale en salon où les épouses et les filles célibataires des membres du Club pouvaient manger le midi. Inauguré en mai 1963, ce salon était accessible par une entrée distincte, un peu comme dans les écoles de l'époque victorienne.

D'Arcy Scott, éminent avocat et ancien maire d'Ottawa, fut le premier à proposer l'aménagement d'une salle à manger réservée aux dames en 1921. À la suite de certains retards administratifs, on conclut lors de l'assemblée générale annuelle de 1923 que ce projet était irréalisable, en présence du plus grand nombre de membres jamais réunis jusque-là. Ce n'est qu'en 1950 que les invitées furent admises au Club pour le dîner ou des rafraîchissements, et uniquement dans certaines zones désignées du Club.

La création du salon des dames était probablement une tentative de prévenir l'inévitable. Conçu par l'architecte John B. Roper dans un style distinct, moins lourd, des autres pièces lambrissées du Club, il pouvait recevoir 38 personnes. Les rénovations ne furent pas accueillies favorablement par au moins un des membres les plus anciens du Club selon lequel « la teinte des panneaux perforés est si agressive et si peu flatteuse pour les vêtements des dames que je me dois de conclure qu'elle a été choisie parce qu'il s'agit de la couleur du parti politique au pouvoir à l'époque[7] ». Selon un autre membre, le décor aurait convenu davantage à un salon de Trans-Canada Airlines.

L'interdiction faite aux dames d'accéder aux étages supérieurs du Club, sans compter celle de devenir membres, causa plusieurs incidents gênants. Un des premiers se produisit en 1959 lorsque August Lindt, le haut-commissaire des Nations Unies pour les réfugiés, fut invité d'honneur à un déjeuner organisé au Club par le ministère des Affaires extérieures. Agnes Ireland, la fonctionnaire canadienne responsable des réfugiés, fut invitée, mais on lui refusa malgré tout l'entrée du Club en raison de son sexe. Cinq ans plus tard, un autre incident impliqua des représentants des Nations Unies. U Thant,

## THE HON. SIR
## HECTOR-LOUIS LANGEVIN
### *(1826–1906)*

A founding francophone member of the Club and Father of Confederation, Langevin had a colourful political career notably as federal Minister of Public Works. A bon vivant of the first order, Langevin was known for his love of food, wine, and elaborate dinners. The old-time political operator was implicated in the Pacific Scandal and briefly left politics in 1873, only to return to Parliament in 1876. As one of the main Conservative bosses of Quebec, Langevin was implicated in the McGreevy-Langevin scandal, which arose after the discovery of payments made for public works contracts. He retired from politics in 1896, having served in three different legislatures.

## L'HONORABLE SIR
## HECTOR-LOUIS LANGEVIN
### *(1826–1906)*

Langevin fut l'un des membres fondateurs du Club et un Père de la Confédération. Il mena une carrière politique active, notamment à titre de ministre des Travaux publics. Bon vivant, il était reconnu pour son amour de la bonne chère et du bon vin. Cet habile politicien fut impliqué dans le scandale du Pacifique et délaissa brièvement la politique en 1873 pour revenir au Parlement trois ans plus tard. À titre de l'un des principaux dirigeants conservateurs du Québec, Langevin fut également mêlé au scandale McGreevy-Langevin concernant des paiements versés pour des contrats de travaux publics. Il quitta la politique en 1896 après avoir servi pendant trois législatures.

was followed five years later by yet another that involved U.N. Officials. U Thant, Secretary General of the United Nations, made an official visit to Canada in 1964 to address a joint session of Parliament. Included was a luncheon and speech to Parliamentarians at the Club. Among those who intended to attend were MPs Pauline Jewett and Margaret Konatz. But upon attempting to gain access to the main floor of the Club both were promptly escorted out of the building via the kitchen by an attentive porter — who, not quite understanding the gravity of the situation, offered the intruders sandwiches. Prior to entering the House of Commons, Jewett was a Professor of Political Science at Carleton University with graduate degrees from Oxford and Harvard.

secrétaire général de l'ONU, vint en visite officielle au Canada en 1964 pour s'adresser à une séance conjointe du Parlement. Le programme de sa visite incluait également un déjeuner et une allocution au Club devant les membres du Parlement, activité à laquelle les députées Pauline Jewett et Margaret Konatz avaient l'intention d'assister. Toutefois, après avoir tenté d'entrer à l'étage principal du Club, elles furent escortées à travers la cuisine jusqu'à la sortie de l'édifice par un portier consciencieux qui, ne comprenant pas tout à fait la gravité de la situation, leur offrit des sandwiches en guise de consolation. Avant d'être élues aux Communes, Jewett — diplômée d'Oxford et de Harvard — avait été professeur de sciences politiques à l'Université Carleton tandis que

*Jeanne Sauvé and a group of other women protestors in front of the Rideau Club holding a "women only" picnic, May 1972*

*Jeanne Sauvé et un groupe de femmes manifestant devant le Club en servant un pique-nique « réservé aux femmes », mai 1972*

Konatz had served as Canadian delegate to the U.N. General Assembly and held a number of senior positions in voluntary organizations during the Second World War. This incident did not enhance the Club's reputation in official Ottawa.

By the early 1970s there was increasing pressure on the Club to accept women as full members. Canadian women were serving as Ministers of the Crown, as Parliamentarians, on the bench, in business, academia, the health field, and other high-profile positions. Members who headed certain public institutions began to complain that they were unable to use the Club to host events on account of its treatment of women, and this began to depress revenues. The year 1972 brought one of the most theatrical events to transpire along Wellington Street in its long history. In May, Jean Caskey, a lawyer with the Department of the Environment, and her colleague Christiane Verdon, were refused entry at the Club to a luncheon hosted by the American Embassy. Women were only admitted to the Main Dining Room after 4:00 p.m., not for luncheon. Caskey and Verdon were offered the opportunity to take lunch in another part of the building. Oblivious to the public relations disaster that was about to erupt, the Club's staff seemed to think that this made eminent sense.

A week later, on May 23, a group of well-dressed women, all members of the Ottawa Women's Resource Group, pulled up in front of the Rideau Club in a chauffeur-driven car, set up tables and folding chairs, and proceeded to offer sandwiches and iced tea for luncheon. Not coincidentally, two of the diners were Caskey and Verdon. This episode prompted the President of the Treasury Board, C.M. Drury, to tell the House of Commons that the Government would no longer use the Club for official functions if women were not permitted to attend.

The Club had acquired a powerful adversary, Jeanne Sauvé, the Minister of Communications and the first female Quebecer to be appointed to Cabinet. Sauvé's opposition to the Club was based solely on the fact that it did not allow female membership. She was quoted as saying she would "never put my foot in the place."[8]

The situation had reached a point where a decision had to be made. On May 4, 1978, Club President James Ross convened a Board Meeting where, according to the minutes, he explained the circumstances of the government boycott and that "adverse publicity and general

Konatz avait été déléguée du Canada auprès de l'Assemblée générale des Nations Unies et avait occupé plusieurs postes de direction dans des organisations bénévoles lors de la Seconde Guerre mondiale. Inutile de préciser que cet incident ne fit rien pour redorer la réputation du Club auprès des milieux officiels de la capitale.

Au début des années 1970, le Club subissait de plus en plus de pression pour admettre les femmes comme membres à part entière. Des Canadiennes étaient ministres de la Couronne et députées, siégeaient à la cour, étaient dans les affaires, enseignaient à l'université, travaillaient dans le milieu de la santé et occupaient d'autres professions prestigieuses. Des membres à la tête de certaines institutions publiques commençaient à se plaindre qu'ils ne pouvaient organiser d'événements au Club en raison du traitement réservé aux femmes et cette situation occasionnait une baisse des revenus. L'année 1972 connut l'un des événements les plus dramatiques survenus sur la rue Wellington au cours de sa longue histoire. En mai, Jean Caskey, avocate au ministère de l'Environnement, et sa collègue Christiane Verdon s'étaient vu refuser l'entrée à un déjeuner organisé au Club par l'ambassade des États-Unis puisque les femmes n'étaient admises dans la salle à manger principale du Club qu'après 16 heures. Inconscient du désastre de relations publiques qui était sur le point d'éclater, le personnel du Club jugea bon d'offrir à mesdames Caskey et Verdon de manger ailleurs dans l'édifice.

Une semaine plus tard, le 23 mai à l'heure du midi, des membres du Women's Resource Group d'Ottawa se présentèrent dans un véhicule conduit par un chauffeur qui se gara devant le Rideau Club. Les femmes élégamment vêtues installèrent des tables et des chaises pliantes et offrirent des sandwiches et du thé glacé. Parmi elles se trouvaient bien entendu mesdames Caskey et Verdon. Cet incident incita le président du Conseil du Trésor, C.M. Drury, à informer la Chambre des communes que le gouvernement n'organiserait plus aucun événement officiel au Rideau Club si les femmes n'y étaient pas admises.

Le Club se fit une ennemie de taille en la personne de Jeanne Sauvé, ministre des Communications et première Québécoise nommée au conseil des ministres, pour la seule raison qu'il interdisait aux femmes d'en devenir membres. Elle avait déclaré qu'elle n'y mettrait jamais les pieds[8].

La gravité de la situation exigeait l'adoption immédiate de mesures. Le 4 mai 1978, le président du Club, James Ross, convoqua une réunion du conseil d'administration pour expliquer les raisons du boycottage du

## ASCIANO J. MAJOR
### *(1888–1968)*

Major's connection to the Club came quite naturally, given that his uncle was long-time member Sir Wilfrid Laurier. A leader in the Canadian business community, Major served as president of the Alliance française d'Ottawa prior to the Second World War and as president of the Rideau Club from 1957 to 1959. His entrepreneurial skills saw him rise to become Director of National Grocers. In the philanthropic realm, Major served as Honorary Consul for Belgium and sat on the boards of the University of Ottawa and the Ottawa Board of Trade.

## ASCIANO J. MAJOR
### *(1888–1968)*

Major adhéra tout naturellement au Club puisqu'il était le neveu de sir Wilfrid Laurier, membre de longue date. Chef de file de la communauté d'affaires canadienne, Major présida l'Alliance française d'Ottawa avant la Seconde Guerre mondiale puis le Rideau Club de 1957 à 1959. Il se fit remarquer pour ses talents d'entrepreneur et dirigea l'entreprise National Grocers. Major fut consul honoraire de Belgique et siégea aux conseils d'administration de l'Université d'Ottawa et de la Chambre de commerce d'Ottawa.

social changes had made it clear that the Club Directors should give serious thought to the status of women in the Club."[9] Vice-President Guy Roberge was charged with studying the situation and developing options.

The Board initially proposed to allow women full and equal membership in the Club, with the common usage of most rooms. However, there were also to be rooms that were exclusive to each sex. The Ladies' Lounge was to remain for women, while the Bar and one of the lounges were for men only. This compromise was devised to accommodate those who feared "there would no longer be a place for 'man-talk' in a totally protected male atmosphere."[10] The segregation of rooms, other than washroom facilities, would ultimately be abandoned. An ad hoc committee made up of James Finnie, Pierre Fortier, and Commander A.B. German developed an implementation program for admitting women. References to "gentlemen" were replaced with "individual," and regulations pertaining to spousal membership were augmented.

Fears abounded that allowing women full membership in the Club would cause great distress amongst some of the older members — "some members may be angry enough to resign."[11] Others felt that welcoming women members would mark a significant step "into the new social order ... thereby protecting ourselves from the present and future pressure and abuse."[12] Many thought that taking this step toward modernization was the right and equitable thing to do, while simultaneously expanding the membership and improving the Club's financial position.

The proposed amendments to the Club bylaws admitting women as full members of the Club were adopted by the Board on October 26, 1978, and a special general meeting of all members was held on November 22, where the amendments were neither accepted nor rejected. The formal adoption of the changes would come on March 28, 1979, at the Annual General Meeting. On July 27 a nomination for membership was posted for Jean Pigott, a prominent Ottawa politician and businessperson (nominated by John Graham Jr. and seconded by Senator George McIlraith), and by August her admission as the first woman member was confirmed. Over the ensuing three decades Pigott would herself become an integral part of the institution, well beyond her pioneering membership.

As for Jeanne Sauvé, she went on to become the first female Speaker of the House of Commons and then the

*Jean Pigott (seated), her sister Grete Hale (on right), and Meriel Beament Bradford at the Presidents' Breakfast, c. 2007*

*De gauche à droite : Meriel Bradford, Jean Pigott (assise) et sa sœur Grete Hale au petit-déjeuner des présidents, v. 2007*

gouvernement. Selon lui, « la publicité négative et les changements dans l'ensemble de la société devaient inciter les administrateurs du Club à réfléchir sérieusement au statut des femmes au sein du Club[9] ». On confia au vice-président Guy Roberge la tâche d'analyser la situation et de proposer différentes mesures.

En premier lieu, le conseil proposa de permettre aux femmes de devenir membres à part entière du Club et d'avoir accès à la plupart des pièces en réservant toutefois certaines zones à l'usage exclusif soit des hommes (le bar et un des salons), soit des femmes (comme le salon des dames). On parvint à ce compromis pour satisfaire ceux qui craignaient qu'« il n'y ait plus de lieu pour parler entre hommes dans une atmosphère masculine entièrement protégée[10] ». On finit par abandonner cette « ségrégation » des locaux, à l'exception des toilettes. Un comité spécial réunissant James Finnie, Pierre Fortier et le commandant A.B. German élaborèrent un programme de mise en œuvre pour l'intégration des femmes. On remplaça les

*Dinner*

in the honoured presence of

*Her Excellency The Right Honourable*
*Jeanne Sauvé*
*P.C., C.C., C.M.M., C.D.*
*Governor General of Canada*

*Rideau Club*                    *15th February 1985*

first female Governor General and, like her predecessors, would eventually agree to become an honorary member of the Club and finally set foot there. Canada's first female Prime Minister, Kim Campbell, would be appointed as an honorary member upon assumption of office in 1993. In the context of Club membership there was no longer any question of the place of women as equal members of Canadian society. In 2005, Meriel Beament Bradford became the first woman President of the Club. Josephine Palumbo, a senior federal government lawyer, was in line to hold that office in the 2015 sesquicentennial year.

mentions de « messieurs » par « individus » et on améliora les règlements à l'intention des membres conjoints.

On craignait beaucoup de choquer profondément certains des membres plus âgés, au point où ils « pourraient décider de quitter le Club[11] », en accordant aux femmes les mêmes droits que les membres masculins. D'autres, par contre, jugeaient que d'ouvrir les portes aux femmes marquerait un pas important « vers le nouvel ordre social et, par conséquent, nous protégerait des pressions et des abus que nous subissons et pourrions subir à l'avenir[12] ». Beaucoup considéraient qu'une telle modernisation était juste et équitable, et permettrait d'augmenter le nombre de membres et d'améliorer la situation financière du Club.

Le conseil d'administration adopta les amendements proposés au règlement du Club pour admettre les femmes à titre de membres à part entière le 26 octobre 1978. Une assemblée générale extraordinaire de tous les membres fut convoquée le 22 novembre, mais les amendements ne furent ni acceptés ni rejetés. Ce n'est que le 28 mars 1979 au cours de l'assemblée générale annuelle que les changements furent officiellement adoptés. Le 27 juillet suivant, on afficha la demande d'admission officielle de Jean Pigott, une politicienne et femme d'affaires bien en vue de la capitale (proposée par John Graham fils et appuyée par le sénateur George McIlraith). Quelques semaines plus tard, en août, son admission fut confirmée et elle devint la première femme membre du Club. Au cours des trois décennies suivantes, le rôle marquant de Jean Pigott au sein de l'institution alla bien au-delà de son statut de pionnière.

Pour ce qui est de Jeanne Sauvé, elle devint la première femme présidente de la Chambre des communes puis gouverneure générale du Canada. Comme ses prédécesseurs de sexe masculin, elle accepta de devenir membre honoraire du Club et finit par y mettre les pieds. La première femme à occuper le poste de premier ministre du pays, Kim Campbell, fut nommée membre honoraire dès qu'elle prit la tête du gouvernement en 1993. Le rôle des femmes à titre de membres à part entière du Club et de la société canadienne ne fut plus jamais remis en question.

Dix ans après l'élection de la première présidente, Meriel Beament Bradford, une autre femme occupera ce poste en 2015, année du 150e anniversaire : Josephine Palumbo, avocate chevronnée au gouvernement fédéral.

## CHAPTER FIVE

# PRELUDE TO CHANGE:
## *Rideau Club v. The Queen*

---

*"I confirm that as a result of the expropriation, the Crown became the legal owner of the premises effective December 28th, 1973."*

— JOHN A. MACDONALD, DEPUTY MINISTER OF PUBLIC WORKS, TO CUTHBERT SCOTT, PRESIDENT OF THE RIDEAU CLUB, 7 FEBRUARY 1974

---

In addition to the quest by a dedicated group of women to have the membership extended to their gender, the protracted legal battle over expropriation of its clubhouse by the federal government in 1972 thrust the Club into the local and national spotlight in a way to which it was not accustomed. While the issue of female membership was viewed as "vexing" by many older members, the Club's penchant for taking governments to court over various issues was nothing new.

Given the significant number of barristers, solicitors, judges, accountants, and politicians who considered the Club a second home, this was hardly a surprise. In 1906 the Club took the City of Ottawa to court over its assessment of the Club as a business rather than a social club. This negatively influenced the amount of tax levied on the Club, which was located in one of the most coveted pieces of real estate in the capital. The city won its claim. However, this was overturned in Provincial Court in 1907.

The expropriation of the clubhouse and land by the federal government came as a surprise. It was part of a novel plan to expand the Parliamentary Precinct and eventually construct a new block of Parliament to complement the existing structures — plans that have yet to come to fruition. Coincidentally, the path toward

# PRÉLUDE AU CHANGEMENT :
## *Rideau Club c. Sa Majesté la Reine*

---

*« Je confirme qu'à la suite de l'expropriation, la Couronne est devenue la propriétaire légale des lieux le 28 décembre 1973. »*

— JOHN A. MACDONALD, SOUS-MINISTRE DES TRAVAUX PUBLICS, DANS UNE LETTRE ADRESSÉE À CUTHBERT SCOTT, PRÉSIDENT DU RIDEAU CLUB LE 7 FÉVRIER 1974 [TRADUCTION LIBRE]

---

En plus du combat mené par un groupe de femmes pour se voir accorder le titre de membres, le Club se retrouva contre son gré sous les projecteurs de l'actualité régionale et nationale lors de la longue bataille juridique suivant l'expropriation par le gouvernement fédéral en 1972. Alors que le problème du statut des femmes au sein du Club était considéré comme « délicat » par bon nombre de membres plus âgés, le penchant du Club à traîner les gouvernements devant les tribunaux pour régler des différends de toute sorte n'avait rien de neuf.

Cette tendance ne surprend guère étant donné le nombre important d'avocats, de notaires, de juges, de comptables et de politiciens qui considéraient le Club comme leur second chez soi. En 1906, le Club avait poursuivi la ville d'Ottawa qui le considérait comme une entreprise plutôt qu'un club social, ce qui augmentait le montant des taxes perçues auprès du Club qui était situé sur l'un des terrains les plus convoités de la capitale. La ville gagna le procès, mais la décision fut infirmée par la Cour provinciale en 1907.

Le gouvernement fédéral causa toute une surprise en expropriant le terrain et l'immeuble occupé par le Club. Cette décision s'inscrivait dans un plan novateur pour agrandir le complexe parlementaire et construire éven-

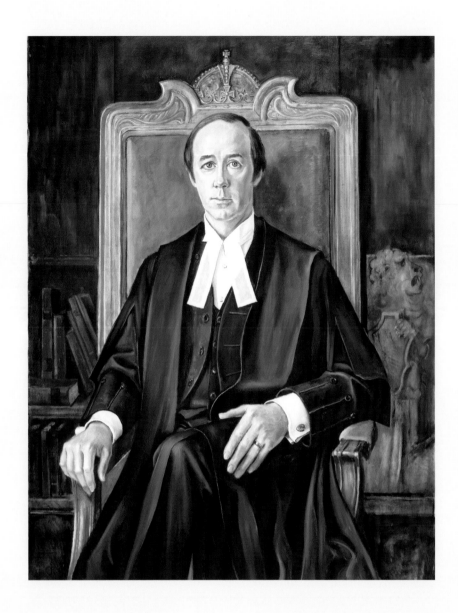

## THE HON. JUSTICE JAMES ALEXANDER JEROME
### *(1933–2005)*

A Liberal by political persuasion, Jerome served as a Member of Parliament and became the first Speaker of the House of Commons to serve under both a Liberal and Progressive Conservative administration. Following the 1979 election he was appointed to the Federal Court of Canada where he served until 1998. Jerome played a key role in granting a judgment in the Club's favour following the expropriation of the historic Wellington Street Clubhouse, which burned in 1979. The key reason for which he was assigned to rule on the Club's case against the Government was that he was not a Club member.

## L'HONORABLE JUGE JAMES ALEXANDER JEROME
### *(1933–2005)*

Libéral par conviction politique, Jerome fut député et devint le premier président de la Chambre des communes à siéger successivement sous un gouvernement libéral puis progressiste-conservateur. Après l'élection de 1979, il fut nommé à la Cour fédérale du Canada où il demeura jusqu'en 1998. Jerome joua un rôle clé au bénéfice du Club en rendant un jugement en sa faveur à la suite de l'expropriation de l'immeuble historique de la rue Wellington qui fut détruit par les flammes en 1979. C'est en grande partie parce qu'il n'était pas membre du Club Rideau qu'il fut désigné pour statuer dans le procès opposant le Club et le gouvernement.

*Wellington Street view of the Rideau Club c. 1974*

*Vue du Club sur la rue Wellington v. 1974*

expropriation began more than sixty years earlier when noted Canadian businessman and financier Sir Herbert Holt devised the first comprehensive scheme for the development of Ottawa as a modern capital in the period immediately preceding the First World War.

Sir Herbert became a member of the Club shortly after taking up the commission "to draw up and perfect a comprehensive scheme or plan looking to the future growth and development of the city… laying out and beautification of parks and connecting boulevards."[1] It was a long-overdue undertaking, one that would eventually lead to the establishment of the Federal District Commission that would evolve into the National Capital Commission. Holt, who also had membership in the Mount Royal Club and Club Saint-James in Montreal and the York Club in Toronto, would have never envisioned that his plans would circuitously lead to the expropriation of the clubhouse he came to enjoy while visiting Ottawa.

As if foreshadowing the fate of the Rideau Club, the Laurentian Club was the first Ottawa club to have its premises expropriated. Located at the corner of Albert and Elgin Streets, it was founded in 1904 originally to cater to businessmen as opposed to Parliamentarians and

tuellement une nouvelle aile, un plan qui ne s'est toujours pas matérialisé. Ce projet d'expropriation trouvait son origine plus de 60 ans plus tôt, juste avant la Première Guerre mondiale, lorsque le célèbre financier et homme d'affaires canadien sir Herbert Holt avait conçu le premier plan global de développement d'Ottawa pour en faire une capitale moderne.

Sir Herbert devint membre du Club peu après avoir accepté le mandat « de concevoir et de mettre au point un plan ou un projet global en vue d'assurer la croissance et le développement futur de la ville [...] l'aménagement et l'amélioration des parcs et des boulevards de raccordement[1] ». Cette initiative qui se faisait attendre depuis longtemps mènera éventuellement à la création de la Commission du district fédéral qui deviendra la Commission de la capitale nationale. Holt, qui était également membre des clubs Mount Royal et Saint-James à Montréal et du York Club de Toronto, n'aurait jamais pu imaginer que ses projets entraîneraient l'expropriation du Club qu'il fréquentait lorsqu'il visitait Ottawa.

Comme s'il s'agissait d'un mauvais présage pour le Rideau Club, le Laurentian fut le premier club de la capitale à se voir chassé de son immeuble. Situé à l'angle des rues Albert et Elgin, il accueillait depuis 1904 des

senior public servants. The Laurentian Club eventually relocated to the spacious Booth home on Metcalfe Street in 1941, where it remained until it wound up its operations in 2000.

It was difficult to question the Crown's right to expropriate land and buildings in the name of advancement of various national projects, even if it was extremely disadvantageous for the Rideau Club. Had a reasonable offer been made in relation to the value of the land and building, there would be little more to the story. Appraisers determined that the entire physical establishment had a

hommes d'affaires plutôt que des parlementaires et des hauts fonctionnaires. Le Laurentian Club s'installa en 1941 dans la vaste maison Booth sur la rue Metcalfe où il poursuivit ses activités jusqu'à sa fermeture en 2000.

Il s'avéra difficile pour le Rideau Club de contester le droit de la Couronne d'exproprier des terrains et des édifices pour faciliter la réalisation de différents projets d'envergure nationale, même si l'un d'eux nuisait considérablement à ses activités. L'histoire se serait arrêtée là si le gouvernement avait déposé une offre raisonnable pour l'acquisition du terrain et de l'immeuble. Les évaluateurs déterminèrent que l'édifice et le lot, de près de 38 mètres de façade sur la rue Wellington et d'une superficie de 1 020 mètres carrés, valaient au total 1 310 000 $, une évaluation qui était bien en deçà de celle faite par le

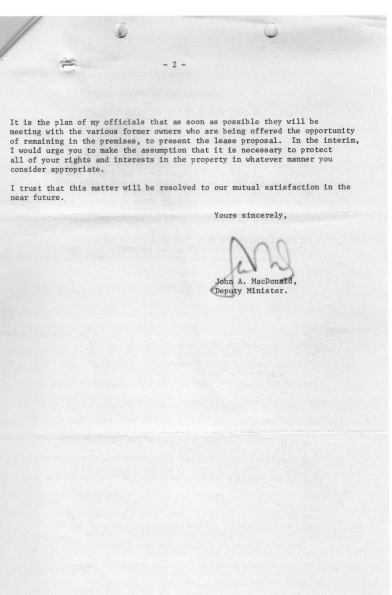

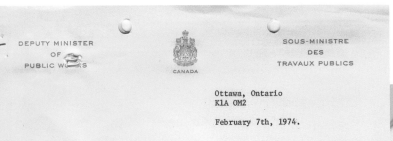

*Expropriation Letter*
*Lettre annonçant l'expropriation*

## SIR HERBERT HOLT
### *(1856–1941)*

As the long-serving President of the Royal Bank of Canada, Holt was one of Canada's leading businessmen of the first half of the twentieth century. Born in Ireland and trained as a civil engineer, Holt began his working life as a surveyor for the Canadian Pacific Railway. A pioneer in the development of electrical utilities and possessed of great business acumen, Holt became the richest man in Canada. Holt was a regular member of Montreal's Club Saint-James. He joined the Rideau Club when he was appointed to chair the Federal Plan Commission for Canada's capital in 1913.

## SIR HERBERT HOLT
### *(1856–1941)*

Holt présida longtemps la Banque Royale du Canada et fut l'un des grands hommes d'affaires de la première moitié du 20ᵉ siècle. Né en Irlande, il suivit une formation d'ingénieur civil et entreprit sa carrière comme arpenteur pour le chemin de fer du Canadien Pacifique. Pionnier dans le développement des services publics d'électricité, son flair pour les affaires en fit l'homme le plus riche du Canada. Membre régulier du Club Saint-James de Montréal, Holt adhéra au Rideau Club en 1913 lorsqu'il fut nommé président de la Commission du plan fédéral pour la capitale nationale.

the Permanent

Real Estate

Real Estate Division

Canada Permanent Trust Company

1663 Carling Avenue
Ottawa, Ontario K2A 1C4
Telephone: (613) 725-3751

April 28, 1981

Mr. G.J. Matthieu
Acting Manager
Property Services
Department of Public Works
Ottawa, Ontario

RE:  84 Wellington - 10 Metcalfe Streets, Ottawa

Dear Mr. Matthieu:

In response to your request for an appraisal of the above-described
property I inspected the property and presented a report in January,
1974.  The report was intended for use in arriving at a negotiated
settlement.  You subsequently requested additional elaboration on the
report.  The enclosed document provides the additional information.
After considering all factors which influence the value of real estate
I estimate the fair market value of the property to be

One Million Three Hundred Ten Thousand Dollars ($1,310,000.)

as at December 28, 1973.

The enclosed report is prepared in accordance with the Rules of Professional
Ethics of the Appraisal Institute of Canada.  It describes the method
of analysis and contains data compiled during the investigation which,
to the best of my knowledge and belief, is correct.

Yours truly,

J. Fraser, A.A.C.I., F.R.I., M.A.I.
Manager
Real Estate Department
Canada Permanent Trust Company

JF/bs

*Appraisal Letter of Wellington Street Clubhouse, 1981*
*Évaluation de l'immeuble sur Wellington, 1981*

value of $1,310,000 for the structure and 1,020 square metres (11,000 square feet) of property, which included 38 metres (124 feet) of Wellington Street frontage. This was well below what the Executive Committee of the Club felt the building and site was worth. Doran Construction was commissioned to report on what it would cost to reconstruct a replica of the Club using modern building methods and materials. In January 1975 dollars it was estimated this would cost $2,931,494, exclusive of land costs.

There was a definite feeling among members that the Club was being unfairly treated and they were being offered compensation significantly below market value. It was as though the Club was being punished for its

comité exécutif du Club. On confia à Doran Construction le mandat d'estimer les coûts de reconstruction d'une réplique du Club au moyen de méthodes et de matériaux modernes : en dollars de janvier 1975, on évalua les travaux à 2 931 494 $, sans compter le prix du terrain.

Les membres du Club croyaient fermement qu'ils étaient traités inéquitablement en se voyant offrir une compensation inférieure à la valeur marchande. Ils avaient l'impression que le Club était puni malgré sa réussite au fil des décennies et son rôle dans l'administration canadienne. (Comble de l'ironie : le sous-ministre responsable de l'expropriation du Club s'appelait John A. MacDonald, le même nom que son fondateur sir John, à l'exception du *D* majuscule.)

Les négociations concernant l'expropriation et le déménagement éventuel du Club durèrent des années. On avait d'abord promis que le Club pourrait demeurer dans son immeuble pour une décennie. Une clause prévoyait qu'il pouvait être forcé à quitter les lieux avec un préavis de deux ans (après les cinq premières années suivant la signature de l'accord). Le loyer était fixé à un dollar par année et le Club devait participer financièrement à certains travaux de modernisation. Il n'y avait toujours pas d'entente sur la valeur de l'édifice et du terrain. Les considérations juridiques étaient analysées par le comité d'expropriation du Club dirigé à l'origine par D. Gordon Blair, un homme de loi respecté. Blair fit remarquer (avec prescience, comme on le verra) que toute entente avec le gouvernement devait prévoir des mesures dans l'éventualité d'un incendie causant la perte de l'immeuble, auquel cas « les intérêts du Club se limiteraient à pouvoir récupérer une somme suffisante [pour couvrir] le coût des travaux de restauration des lieux existants ou de nouveaux locaux fournis par la Couronne[2] ».

À la fin de 1975, comme Blair fut nommé à la Cour d'appel de l'Ontario, il confia le dossier à G.E. « Ted » Beament, éminent avocat de la capitale et ancien brigadier dans l'Armée canadienne. En vertu du décret 1978-948, on convint que le Club deviendrait locataire et signerait un bail expirant le 30 avril 1992. Ce n'était pas une mauvaise affaire pour le Club qui y trouvait une certaine stabilité à long terme tout en conservant l'espoir de renverser l'expropriation, une éventualité que même

## BRIGADIER GENERAL (RET'D) GEORGE EDWIN (TED) BEAMENT
### *(1908–2005)*

## BRIGADIER GENERAL (RET) GEORGE EDWIN (TED) BEAMENT
### *(1908–2005)*

A noted Ottawa lawyer and soldier, Beament followed his father and brother when he joined the Club in the 1930s. He would go on to become one of the longest-serving members. A graduate of the Royal Military College, with his distinguished war record he rose to the rank of Brigadier at a youthful age. Beament became President of Khaki University, Chancellor of the Order of St. John in Canada, and President of Ottawa's Community Chest (United Way). He played an important role in negotiating the original agreement that saw the Club take up residence at 99 Bank Street following the great fire.

Dans les années 1930, cet avocat et militaire renommé d'Ottawa devint membre du Club avec son père et son frère et est l'un de ceux qui ont été membres le plus longtemps. Après avoir obtenu son diplôme du Collège militaire royal du Canada et s'être distingué au combat, il accéda au grade de brigadier à un jeune âge. Beament devint président de l'Université Khaki, chancelier de l'Ordre de Saint-Jean au Canada et président de Community Chest (devenu Centraide) pour la région d'Ottawa. Il joua un rôle important dans la négociation du premier contrat d'acquisition du quinzième étage du 99 rue Bank après l'incendie de 1979.

## THE HON. GORDON ROBERTSON
### *(1917–2013)*

Adviser to no fewer than five different prime ministers, Robertson was a Rhodes Scholarship winner who first served as assistant to Mackenzie King. He was subsequently appointed as Commissioner of the Northwest Territories at age thirty-six, the youngest ever to hold the post. He went on to serve as Clerk of the Privy Council for twelve years and, following a successful career in the public service, became Chancellor of Carleton University. His involvement in the Club and role as interlocutor between the Club and the federal government did much to smooth tensions during the 1970s when issues related to the expropriation of the clubhouse and the admission of women were brought to the forefront.

## L'HONORABLE GORDON ROBERTSON
### *(1917–2013)*

Robertson, qui conseilla pas moins de cinq premiers ministres, avait été boursier Rhodes et débuta sa carrière comme adjoint de Mackenzie King. À l'âge de 36 ans, il devint le plus jeune commissaire des Territoires du Nord-Ouest. Il fut par la suite greffier du Conseil privé durant 12 ans et après une fructueuse carrière dans la fonction publique, il fut nommé chancelier de l'Université Carleton. Son engagement à l'égard du Club et son rôle d'intermédiaire entre le Club et le gouvernement fédéral dans les années 1970 contribuèrent à diminuer les tensions lorsque surgirent les problèmes reliés à l'expropriation du Club et à l'admission des femmes.

historic success and place in Canadian officialdom. There was also a cruel irony to the fact that the Deputy Minister in charge of the expropriation was the namesake of club founder Sir John A. Macdonald, albeit with a capital *D*.

Negotiations over the expropriation and eventual relocation dragged on for years. Initially there were assurances that the Club could remain in its clubhouse for a decade, with a provision that it could be forced to vacate with two years' notice (after the first five years of the agreement had elapsed). The rent was to be set at $1.00 per annum, and the Club would aid in covering certain refurbishing expenses. There was still no agreement on the value of the building and property. The legal aspects were handled by the Club's Expropriation Committee, which included D. Gordon Blair, a respected jurist, who initially led the group. Blair noted that any agreement with the Government should include provisions for what would happen in the event of loss by fire (presciently, as it turned out), in which case "the interest of the Club is solely in being able to recover sufficient money [to cover] its costs in refurbishing either the existing premises or new premises procured for it by the Crown."[2]

Following his appointment to the Ontario Court of Appeal, at the end of 1975 Blair handed the file over to G.E. "Ted" Beament, a prominent Ottawa lawyer and former brigadier in the Canadian Army. Through Order-in-Council 1978-948 there was agreement that the Club would become a tenant and sign a lease that would expire on April 30, 1992. It was not a bad deal for the Club and provided long-term stability while simultaneously keeping alive hope of reversing the expropriation — a prospect even noted by then Clerk of the Privy Council Gordon Robertson in a confidential memo. Robertson, a loyal member since 1965, was rather fond of the Club but also aware of the awkward position he potentially found himself in.

The entire matter of compensation remained unresolved, and on September 22, 1978, the Rideau Club filed certificates of service to the Federal Court of Canada requesting a total of $7,190,000 for the clubhouse and land. The legal battle known as *Rideau Club v. The Queen* had commenced, although it didn't get truly under way

le greffier du Conseil privé, Gordon Robertson, avait envisagée dans une note de service confidentielle. Robertson aimait bien son Club dont il était membre depuis 1965, mais il était conscient de la situation délicate dans laquelle il pouvait se trouver.

La question de la compensation ne fut pas résolue et le 22 septembre 1978, le Rideau Club déposa des procès-verbaux de signification à la Cour fédérale du Canada exigeant une somme totale de 7 190 000 $ pour l'immeuble et le terrain. Le Rideau Club déclencha ainsi une bataille juridique contre Sa Majesté la Reine, même

*Front entrance of the Wellington Street Clubhouse c. 1965*
*Entrée principale de l'immeuble du Club sur la rue Wellington, v. 1965*

Court No. T-4179-78

# In the Federal Court of Canada

BETWEEN

RIDEAU CLUB LIMITED

Plaintiff,

– and –

HER MAJESTY THE QUEEN

Defendant.

### CERTIFICATE OF SERVICE
#### (Sec. 48, Federal Court Act)

I hereby certify that the original and two copies of the

STATEMENT OF CLAIM

in this proceeding have been received and filed this

    22ND           day of    SEPTEMBER,        A.D. 1978

in the          OTTAWA               office

of the Registry of the Court and that the said copies have been transmitted

this      22ND           day of SEPTEMBER,   A.D. 1978 to the

office of the DEPUTY ATTORNEY GENERAL OF CANADA.

Dated this     27TH     day of   SEPTEMBER, A.D. 1978.

*The Club's Statement of Claim against the Crown*

*Déclaration du Club contre la Couronne*

until after the devastating fire that next year burnt the clubhouse down.

Finding a judge who was not a member of the Club was difficult, but in the end Associate Chief Justice James Jerome of the Federal Court of Canada was assigned to oversee the case. Jerome nominated himself to take the case "on the basis that all the other judges of the Trial Division of the Federal Court were members of the Club."[3] Before his appointment to the bench, Jerome had served as Member of Parliament for Sudbury, and from 1974 to 1980 he had held the lofty position of Speaker of the House of Commons. Although he had been a Liberal MP, it was the Progressive Conservative government of Joe Clark that appointed him to the Federal Court. His non-partisan nature and impartial outlook was broadly acknowledged, and he had never been a member of the Club, favouring the [now defunct] National Press Club in Ottawa for its more relaxed atmosphere.

By this point the Club was represented by Stewart F.M. (Swatty) Wotherspoon and David W. Scott — one a former and the other a future President of the Club. The crux of the case was that the federal government had woefully undervalued the clubhouse and property, failing to take into account the historic nature of the building and its preeminent location. As Scott would later reflect, "There were a myriad of complex questions associated with the building itself. What was the impact of the heritage designation? What were the ceiling heights, and more generally significant, what were the internal measurements of the building?"[4] Other questions such as whether or not the gold ceiling in the main dining room was painted gold or real gold leaf, was the fourth floor insulated, and what was the actual area of the interior were all addressed in the trial, which ran from May 11, 1981, to June 24, 1981. On July 16, 1982, Mr. Justice Jerome delivered a two-and-a-half hour judgment in favour of the Rideau Club, determining it was entitled to a settlement of $7.5 million. This later grew on the basis of interest calculations to $10,027,627. Attached to the decision were certain conditions, notably that the Club purchase new premises outright and not rent, otherwise tax would be levied on the settlement.

There is little question that had the settlement not been truly reflective of the actual value of the clubhouse and land along Wellington Street, the Rideau Club would have ceased operations sometime in the early 1980s. The doggedness and persistence of the Club's counsels

si elle n'était pas pleinement engagée lorsqu'un violent incendie rasa le Rideau Club l'année suivante.

Il fut difficile de trouver un juge qui n'était pas membre du Club. On désigna finalement le juge en chef adjoint James Jerome de la Cour fédérale du Canada pour entendre la cause. Jerome avait proposé ses services pour assumer cette fonction « puisque tous les autres juges de la Section de première instance de la Cour fédérale étaient membres du Club[3] ». Avant sa nomination à la magistrature, Jerome avait été député de Sudbury et, de 1974 à 1980, il avait occupé l'importante fonction de président de la Chambre des communes. Même s'il avait été élu sous la bannière libérale, c'était le gouvernement progressiste-conservateur de Joe Clark qui l'avait nommé à la Cour fédérale. Sa non-partisanerie et son impartialité étaient reconnues et il n'avait jamais été membre du Rideau Club, préférant plutôt l'ambiance plus décontractée du Cercle national des journalistes du Canada à Ottawa (qui a cessé ses activités depuis).

À cette époque le Club était représenté par Stewart F.M. (Swatty) Wotherspoon et David W. Scott (respectivement ancien et futur présidents du Club). Le cœur du litige était que le gouvernement fédéral avait substantiellement sous-évalué le terrain et l'immeuble du Club, négligeant de tenir compte de la valeur historique de l'édifice et de son emplacement prestigieux. Comme l'expliqua par la suite David W. Scott : « Il y avait une multitude de questions complexes relativement à l'immeuble lui-même. Quelles étaient les conséquences de sa désignation patrimoniale? Quelle était la hauteur des plafonds et, de manière plus générale, quelles étaient les mesures de l'intérieur de l'immeuble[4]? » Au cours du procès, on aborda une foule de questions techniques du même ordre. (Le plafond de la salle à manger principale était-il peint ou doré à la feuille d'or véritable? Le quatrième étage était-il isolé? Quelles étaient les dimensions exactes de l'intérieur?) Le procès se déroula du 11 mai au 24 juin 1981. Le 16 juillet de l'année suivante, durant deux heures et demie, le juge Jerome rendit une décision en faveur du Rideau Club auquel il accorda un règlement de 7,5 millions de dollars, somme qui atteignit 10 027 627 $ avec les intérêts. Sa décision prévoyait certaines conditions, notamment que le Club fasse l'acquisition de ses propres locaux plutôt que de les louer, faute de quoi la compensation serait imposable.

Il fait peu de doute que le Rideau Club se serait vu contraint de cesser ses activités au début des années

Wotherspoon and Scott reflected the determination among many members following the devastating 1979 fire that the Club must continue. This spirit of cheerful fortitude would lead the Club to rise from the ashes.

1980 si le règlement n'avait pas vraiment reflété la valeur réelle de l'immeuble et du terrain de la rue Wellington. La ténacité et l'acharnement des avocats du Club, M^es Wotherspoon et Scott, témoignaient de la détermination d'un grand nombre de membres qui souhaitaient que le Club poursuive ses activités après l'incendie de 1979. Ce courage et cet enthousiasme permettraient au Rideau Club de renaître de ses cendres.

## CHAPTER SIX

# THE GREAT CONFLAGRATION:

## *Farewell to a Venerable Edifice*

---

*"Buildings such as the Rideau Club building have lasted for many hundreds of years in England... and there is nothing to show that the life expectancy of this building would not be equally as great."*

— DORAN CONSTRUCTION REPORT ON
THE RIDEAU CLUB, JANUARY 1975

---

From the time of its establishment, the Rideau Club functioned in a number of places, all within a few blocks of Parliament. For the first four years it was at 200 Wellington Street and by 1869 it had moved to the Queen's Restaurant on the corner of Wellington and Metcalfe Streets, where it would remain until 1876 when the Club Building Association erected the first clubhouse to become its soul and home.

Three members founded the Association in 1875: J.M. Currier, H.V. Noel, and Colonel Walker Powell. It would grow to include other backers who earned an eight percent per annum return on their investment. The express purpose of the Association was to acquire land and a structure for a clubhouse, which by the Annual General Meeting of March 14, 1876, was to be located at 84 Wellington Street. The local press reported that "the apartments previously occupied by the Club were comfortable and well kept, but of late were found to be totally inadequate for the growing requirements of the institution."[1]

The Association served as a legal entity separate from the Club. It was able to rent part of the building to the Club and the remainder to respectable commercial ventures, including a bank and insurance company. The finances of the Club were not always in a state of positive

# LE GRAND INCENDIE :

## *les adieux à un édifice vénérable*

---

« *Des immeubles comme celui qu'occupe le Rideau Club durent depuis de nombreux siècles en Angleterre [...] et rien ne permet de croire que la durée de vie de cet édifice pourrait être moindre.* »

— RAPPORT DORAN DE CONSTRUCTION
SUR LE RIDEAU CLUB
JANVIER 1975 [TRADUCTION LIBRE]

---

Depuis sa fondation, le Rideau Club avait occupé différents lieux, tous situés à quelques rues du parlement. Comme on l'a vu au premier chapitre, les quatre premières années il se trouvait au 200, rue Wellington. En 1869, il s'installa dans le restaurant Queen's à l'angle des rues Wellington et Metcalfe où il demeura jusqu'à la construction en 1876 de l'édifice qui fut son âme, à l'instigation de la Club Building Association.

En 1875, trois membres — J.M. Currier, H.V. Noel et le colonel Walker Powell — fondèrent l'Association en vue d'acquérir un terrain pour y bâtir un immeuble abritant le Rideau Club. Elle se développa pour inclure d'autres investisseurs qui obtenaient un retour sur leurs investissements de 8 % par année. Lors de l'assemblée générale annuelle du 14 mars 1876, on détermina que l'édifice serait situé au 84, rue Wellington. Dans un journal de la capitale, on put lire que « les locaux occupés auparavant par le Club étaient confortables et bien entretenus, mais étaient devenus totalement inadéquats pour répondre aux exigences de plus en plus importantes de l'institution[1] ».

L'Association était une personne morale distincte du Club qui pouvait louer une partie de l'édifice au Club et le reste à une banque, une compagnie d'assurance ou

Cover of the Ottawa Citizen *following the fire*
Première page du Citizen *le lendemain l'incendie*

liquidity, so this sort of arrangement was necessary and involved a number of investors — all Club members — while providing the Club with a permanent and prestigious location. Those who invested in the Association were prudent men of finance who, while attached to the Club, refused to let sentimentality cloud their judgment or penchant for a mildly profitable endeavour. They were aware of the financial pressures on the Club because it was only a few years earlier, in 1869, that it had to sell off furnishings to cover its debts. The Association was dissolved in 1891 when its shares were sold to the Rideau Club.

The main lot upon which the clubhouse at 84 Wellington was to find its roots and expand was acquired from William Topley, a renowned photographer, on April 30, 1875, for $4,000. Additional property along Wellington

d'autres entreprises commerciales respectables. Un arrangement de ce genre était nécessaire puisque le Club ne jouissait pas toujours de beaucoup de liquidités. Il impliquait de nombreux investisseurs — tous membres du Club — et permettait au Club de posséder un immeuble permanent sur un emplacement prestigieux. Tout en étant fidèles à leur Club, ces financiers prudents refusaient de laisser les sentiments obscurcir leur jugement ou leur penchant pour une entreprise légèrement rentable. Ils étaient conscients des pressions financières subies par le Club qui, quelques années auparavant, en 1869, avait dû vendre des meubles pour régler ses dettes. L'Association fut dissoute en 1891 et ses parts furent vendues au Rideau Club.

Le 30 avril 1875, le Club acheta le lot principal sur lequel l'immeuble du Club allait s'élever et connaître de l'expansion — au 84, rue Wellington — de William Topley, un photographe de renom, pour la somme de 4 000 $. Il acquit un terrain supplémentaire 12 ans plus tard sur la même rue et l'édifice fut agrandi en 1890, en 1905, puis une dernière fois en 1911.

À cette époque, il occupait une superficie d'un peu plus de 4 710 mètres carrés dans l'immeuble. L'extérieur ne fut pas modifié, une fois les travaux terminés conformément aux plans de l'architecte H.C. Stone. Au cours des 70 années suivantes, l'administration du Club exécuta des travaux pour moderniser les installations fixes, rafraîchir la décoration ou changer la vocation de certaines pièces.

La façade de l'immeuble de briques de quatre étages sur fondations de pierre était revêtue de carreaux de faïence. De la fin des années 1970 jusqu'à l'incendie destructeur du mois d'octobre 1979, la disposition des différentes zones de l'édifice ne changea pratiquement pas. En fait, à la fin de 1977, l'immeuble avait subi énormément d'améliorations. Le Club louait une section du sous-sol érigé sur une fondation en moellons, ce qui lui permettait de couvrir une partie des taxes municipales. La section occupée par le Club comprenait la chaufferie, un atelier, le bureau de l'ingénieur, un local de rangement, le cellier, la chambre de transformateurs, un local d'installation électrique et la salle des poubelles.

Deux portes de bois face à la Colline du Parlement s'ouvraient sur le hall d'entrée, l'escalier principal et le

Street was bought in 1887; the building was successively enlarged in 1890 and 1905, with the final expansion concluding in 1911.

Once this was completed to plans developed by architect H.C. Stone, the building did not undergo further significant exterior alterations. By this time the clubhouse was a capacious 4,710 square metres (55,091 square feet). Over the next seven decades changes were made to the interior to modernize the physical plant, update the decoration, and repurpose various rooms.

The clubhouse consisted of a four-storey brick building with stone foundations, faced with faience terracotta tile. By the late 1970s the disposition of the various areas of the building would remain largely unchanged until ravaged by the flames of October 1979. Indeed, by the end of 1977 the clubhouse had undergone extensive improvements. The basement was built of rubble stone foundation and part of it leased to help cover property taxes. The Club portion included a boiler room, workshop, engineer's office, storage room, wine cellar, transformer room, electrical room, and garbage room.

The spacious ground floor had a pair of wooden doors facing Parliament Hill. Behind them were the entrance and main staircase. The floor was composed of black and white highly polished tiles. Wooden trim and recessed panelling along with pale painted plaster walls lined the interior. The staircase was covered with red carpet and framed by two large Ionic pillars. A youthful bust of Sir John A. Macdonald rested on a plinth on the landing, where the staircase branched into two separate flights leading to the first floor. Above Sir John A.'s head hung a painting entitled *Fisher Girl* depicting a young girl with bare feet. To the right of the staircase were a message board, the cloakroom, and a guest waiting room known as the Stranger's Room. To the left were the porter's desk, the manager's office, and a hall leading to the Ladies' Lounge. This floor also included the ladies' and gentlemen's washrooms, with the kitchen, dishwashing room, and pantry located in the southwest corner of the building. With ceilings extending five metres (seventeen feet) above the floor, the entranceway had a grand and lofty atmosphere.

vaste rez-de-chaussée. Le plancher était couvert de carreaux noirs et blancs astiqués et des moulures de bois et des lambris ornaient les murs de plâtre peints de teinte pâle. L'escalier encadré de deux hautes colonnes ioniques était recouvert d'un tapis rouge. Un socle surmonté d'un buste de sir John A. Macdonald jeune trônait sur le palier qui séparait les deux volées d'escaliers menant au premier étage. Au-dessus de la tête de sir John était accroché le tableau *Fisher Girl* représentant une jeune fille nu-pieds. Un babillard, le vestiaire et la « Stranger's Room » (une

*Indenture from the Topley family selling land to the Rideau Club Building Association*

*Contrat de la famille Topley pour la vente du terrain à la Rideau Club Building Association*

*Old Club bar*
*Ancien bar du Club*

The Ladies' Lounge was added in 1962. A comfortably sized room decorated very much in the style of the early 1960s, it had a sitting area with planters, floor lamps, full-length curtains, and modern dropped fluorescent lighting in decorative minimalist frames. The other half was set aside for dining for thirty-eight members and guests.

The first floor, which could be accessed by the main staircase or the elevator, contained the Club's principal

salle d'attente pour les invités) flanquaient l'escalier à sa droite. De l'autre côté se trouvaient la table du portier, le bureau du directeur et le hall menant au salon des dames. La portion sud-ouest du même étage était occupée par les toilettes pour les hommes et les dames, la cuisine, la plonge et le garde-manger. Le plafond haut de plus de cinq mètres conférait à l'entrée une atmosphère grandiose et aérée.

On aménagea le salon des dames en 1962 dans le style moderne de l'époque. Cette pièce de dimensions agréables comportait un salon orné de jardinières, de lampes sur pied, de longs rideaux et de lampes fluorescentes suspendues de style moderne dans des cadres décoratifs minimalistes. La deuxième partie du salon pouvait accueillir 38 membres et invités pour un repas.

On accédait au premier étage et aux pièces principales du Club par le grand escalier ou l'ascenseur. Le sol du bar (qui était autrefois une salle de lecture) était recouvert d'une moquette rouge où étaient disposés des fauteuils crapauds et des fauteuils à oreille en cuir rouge. Un maximum de 30 membres pouvaient s'y trouver. À l'époque où cette pièce servait de salle de lecture, elle comportait deux grandes tables rondes où étaient exposés livres et revues. D'une superficie de 9 × 18 mètres, la salle à manger principale pouvait accueillir 150 convives. Elle était remarquable surtout pour sa magnifique cheminée en bois sculpté qui comportait une horloge à pendule intégrée et son plafond à la feuille d'or traversé de trois fausses poutres et orné de pilastres ioniques. Le couloir menant à cette salle « était indéniablement incliné[2] ». Le deuxième étage comprenait la salle de bridge qui, à la différence des autres grandes pièces sur l'étage, n'était pas lambrissée, mais plutôt peinte en beige et ornée de portraits photographiques des gouverneurs généraux du Canada depuis la Confédération. Le salon, d'un style semblable à celui de la salle à manger avec ses fauteuils crapauds en cuir rouges ou verts, comportait un célèbre portrait de sir John A. Macdonald. Les membres pouvaient le traverser pour avoir accès à la véranda qui donnait sur la Colline du Parlement. Plusieurs autres salles à manger — appelées Gold Room, Blue Room, Heritage Room et Le Carillon Room — se trouvaient sur le même étage.

rooms. On this floor was the Bar — formerly known as the Reading Room and clad with wall-to-wall red carpet, and furnished with red leather tub and wingback chairs. The Bar could accommodate a maximum of thirty members. The Main Dining Room had a seating capacity of 150 people and was most notable for a beautiful wood-carved fireplace with built-in pendulum clock and for its gold leaf ceiling with three false beams and Ionic pilasters. The hallway leading to the Dining Room "had a definite slope" to it.[2] The second floor also included the Bridge Room, which unlike the other principal rooms on this level did not contain panelling but was painted beige and decorated with photo-portraits of Canada's Governors General dating back to Confederation. The Lounge included a famous portrait of Sir John A. Macdonald and was appointed in a style similar to the Dining Room, with red and green leather tub chairs. From this room members could access the verandah, which looked onto Parliament Hill. A number of other dining rooms were included on this floor and carried names such as the Gold Room, Blue Room, Heritage Room, and Le Carillon Room.

The second floor included another lounge, the Billiard Room, the Reading Room, the Conference Room, and five service rooms that were used as administrative offices and storage space. They had previously served as bedrooms for members and visitors, but had ceased to fulfill this function by 1967. The notable room on this floor was the Billiard Room, which contained six slate Burroughs and Watts billiard tables. The ceiling was adorned with brass lighting fixtures, and the floor was clad with polished linoleum tiles.

The third floor was in a state of decline, and only staff was permitted to venture to this uppermost level. The floor had once consisted of accommodation and washroom facilities for Club staff, with twenty-eight separate rooms in total. As the number of live-in staff dwindled following the end of the Second World War, the entire floor was mothballed. The plumbing system was largely inoperable, and the plaster, dating from the 1911 expansion, was in a dilapidated state. During the winter months it was necessary for the space to be heated to prevent failure of the plumbing system.

*Club Dining Room*
*Salle à manger du Club*

*Second Floor Lobby, looking towards the grand staircase*
*Hall d'entrée, deuxième étage, vue sur le grand escalier*

There were regular discussions among members of the Executive about repurposing the floor as meeting rooms and office space, with a view to letting the entire floor.

*Bridge Room*
*Salle de bridge*

*Reading Room*
*Salle de lecture*

Un autre salon, la salle de billard, la salle de lecture, la salle de conférence et cinq pièces utilisées pour les bureaux et l'entreposage occupaient le reste de l'étage. Jusqu'en 1967, ces cinq pièces faisaient office de chambres à coucher pour les membres et les visiteurs. La salle de billard au plancher recouvert de carreaux de linoléum était la plus remarquable de l'étage. Les membres pouvaient jouer sur l'une des six tables en ardoise Burroughs and Watts sous le plafond orné de luminaires en cuivre.

Seuls les employés avaient accès au troisième et dernier étage qui était délabré. À une certaine époque, il avait été réservé aux 28 chambres et aux toilettes du personnel. Comme le nombre d'employés dormant sur place a chuté à la fin de la Seconde Guerre mondiale, on avait condamné l'étage entier. La plomberie était pratiquement inutilisable et les murs de plâtre, intouchés depuis l'agrandissement de 1911, étaient lépreux. En hiver, il fallait chauffer l'étage pour empêcher le système de plomberie de geler. Les membres du comité discutèrent à plusieurs reprises de l'éventualité de réaménager l'étage avec des salles de réunion et des locaux pour bureaux en vue de les louer.

Charles Lynch raconte le début de l'incendie de manière vivante dans son livre *Up From the Ashes*. Lorsqu'il éclata le 23 octobre 1979 en après-midi, il n'y avait qu'un membre sur les lieux : nul autre que Roland Michener, ex-gouverneur général du Canada, président de la Chambre des communes et ancien haut-commissaire du Canada en Inde :

> Le barman Philip Sylvain interrompit la rêverie de monsieur Michener devant son journal encore fermé et s'excusa auprès de Son Excellence pour l'informer qu'il semblait y avoir de la fumée à l'étage inférieur : « Monsieur, ce serait une bonne idée de quitter le Club puisqu'il semble y avoir un début d'incendie. »
>
> À l'étage inférieur, le sous-chef du Club, Raymond Paquette, tenta d'appeler le service des incendies, mais les téléphones étaient en panne. Il se précipita à l'ambassade des États-Unis à côté, mais personne ne répondit à la porte.

Charles Lynch ably recounts the start of the great fire in his book *Up from the Ashes*. At the time of the fire, on the afternoon of October 23, 1979, there was only one member present in the Club — none other than Roland Michener, former Governor General of Canada, Speaker of the House of Commons, and Canadian High Commissioner to India:

> Bartender Philip Sylvain interrupted Mr. Michener's reverie over an unread newspaper and begged His Excellency's pardon. It seemed smoke had been detected downstairs. "Sir" he said, "it might be well to leave the Club as there may be a slight fire."
>
> Below stairs, the Club's assistant chef, Raymond Paquette, tried to telephone the fire department but the phones were dead. He ran next door to the United States Embassy but no one answered the doorbell.
>
> Paquette raced around the corner to a Sparks Street clothing store and put in the alarm.
> … Upstairs, with a final sip of tea and bit of toast, the Club's last guest descended the grand staircase with his usual bouncy step, was helped into his overcoat by hall porter Ray Agrawala, and walked a brisk block to the National Press Club. Roland Michener had detected only the faintest sign of smoke, but when he arrived at the Press Club, he caused a late-afternoon commotion by remarking that the Rideau Club appeared to be on fire.[3]

While sixty firefighters and fifty police officers attempted to control the situation, more than six thousand spectators gathered on the lawn of Parliament Hill to observe the clubhouse's painful demise. Both the Langevin Block (which housed the offices of the Privy Council and Prime Minister) and the United States Embassy on Wellington Street were evacuated as a precaution. Both buildings sustained modest damage as a result of the smoke and water.

Little was salvaged from the ruins of the Club, which had been refurbished just the year before, when an auction was held of furniture that needed replacing. The flames consumed all the Club's silver, china, wine, linen, and furniture, and important works of Canadian art. A few bottles of wine and liquor were recovered from one of the basement storage rooms along with some china, an Inuit carving, and a badly damaged billiard trophy.

*Firefighters attempt to control the flames that had engulfed the Wellington Street Clubhouse*

*Pompiers tentant de contrôler les flammes qui enveloppent le Club, rue Wellington*

Paquette s'élança dans un magasin de vêtements de la rue Sparks d'où il put enfin donner l'alerte. [...]

À l'étage du Club, le dernier invité prit une ultime gorgée de thé et une bouchée de rôtie puis descendit le grand escalier de son pas sautillant

*A selection of silverware saved from the burned out Clubhouse shell by Maria Lengemann*

*Le registre des membres privilégiés du Club et quelques pièces d'argenterie sauvées des ruines par Maria Lengemann*

The main relics salvaged were the front doors of the Club and the carved pediment displaying the Club's original seal and corporate badge, with coat of arms and founding date.

Initially there was some hope that the fire-ravaged shell could be partially saved and reconstructed. However, the federal government was not supportive. The

*Rideau Club smouldering the day after the fire*

*Ruines fumantes du Rideau Club le lendemain de l'incendie*

coutumier. Le portier Ray Agrawala l'aida à enfiler son manteau et monsieur Michener marcha d'un bon pas jusqu'au Cercle national des journalistes une rue plus loin. Même s'il n'avait perçu qu'une légère odeur de fumée, il causa tout un émoi en entrant au Press Club à la fin de l'après-midi lorsqu'il annonça que le Rideau Club semblait être la proie des flammes[3].

Une soixantaine de pompiers et 50 policiers tentèrent d'éteindre le brasier sous les regards de plus de 6 000 curieux assemblés sur le parterre de la Colline du Parlement pour observer, impuissants, la scène tragique. Par mesure de précaution, on avait évacué l'édifice Langevin (où se trouvaient les bureaux du Conseil privé et du premier ministre) ainsi que l'ambassade des États-Unis sur la rue Wellington. Les deux immeubles subirent de légers dommages causés par l'eau et la fumée.

On ne put pas récupérer grand-chose des décombres du Club qui avait été meublé à neuf l'année précédente seulement. On avait même vendu à l'enchère le mobilier qui devait être remplacé. Les flammes détruisirent pratiquement toute l'argenterie, la porcelaine, le vin, le linge et les meubles, sans oublier d'importantes œuvres d'art canadiennes, à l'exception de quelques bouteilles de vin et d'alcool qui se trouvaient dans l'une des salles d'entreposage du sous-sol, d'un peu de vaisselle, d'une sculpture inuit et d'un trophée de billard très endommagé. Les principales reliques récupérées furent les portes avant du Club et le fronton

The burnt-out shell of the Clubhouse the day after the fire

*Les décombres du Club le lendemain de l'incendie*

fears of one federal Department of Public Works official that the walls of the remains could collapse into the street expedited the clubhouse's demolition. Officials determined that it was not practical to block off Metcalfe or Wellington Street, on account of the impending state visit of U.S. President Jimmy Carter. With lightning efficiency, the wrecking ball began to swing. The *post ignem* life of the Rideau Club had commenced.

où étaient sculptés le sceau original, les armoiries et la date de fondation.

On avait espéré au départ pouvoir sauver en partie la structure et la reconstruire. Toutefois, le gouvernement fédéral n'offrit aucun soutien. Un fonctionnaire du ministère des Travaux publics, qui craignait l'effondrement de la structure dans la rue, hâta la démolition du vénérable édifice. Des fonctionnaires avaient jugé qu'il n'était pas pratique de bloquer les rues Metcalfe ou Wellington en raison de la visite officielle prochaine du président des États-Unis Jimmy Carter. Le boulet des démolisseurs s'abattit sur les ruines et la vie *post ignem* du Rideau Club débuta.

"I think you're wrong, Senator — it doesn't seem to have anything to do with Sir John A.!"

*Ottawa Citizen Cartoon following the fire*

*Caricature parue dans le* Citizen *après l'incendie*

## CHAPTER SEVEN

# UP IN THE AIR:
## *Starting Anew*

———

*"I write to confirm that since the south side
of Wellington Street has been acquired for the
purpose of expanding the Parliamentary precincts
the original site will not be available for the
reconstruction of the Club."*

— THE HON. PAUL COSGROVE,
MINISTER OF PUBLIC WORKS, TO JAMES ROSS,
CLUB PRESIDENT, JULY 4, 1980

———

# MONTER POUR RECOMMENCER À NEUF

———

*« Je vous écris pour vous confirmer que depuis
que le côté sud de la rue Wellington a été acquis
dans le but d'agrandir les limites du Parlement,
le site original ne sera plus disponible pour
la reconstruction du Club. »*

— LETTRE DE L'HONORABLE PAUL COSGROVE,
MINISTRE DES TRAVAUX PUBLICS,
À JAMES ROSS, PRÉSIDENT DU CLUB
LE 4 JUILLET 1980 [TRADUCTION LIBRE]

———

Following the federal government's expropriation of the Club building in 1973, there was persistent discussion about where it could relocate. Fears that Prime Minister Pierre Elliott Trudeau and the National Capital Commission (NCC) would embark upon a full-scale remaking of the Capital, along the lines of Napoleon III's transformation of Paris, were not unfounded. Certainly through the 1970s, what prevented such a development was not lack of creativity on the part of the NCC, but a soft economy that helped forestall such plans.

Demolition began on November 9, 1979 — scarcely two weeks after fire ravaged the Club edifice that had stood so proudly across from Parliament for generations.

There was no rebuilding on the Wellington Street location. Not even the influence of Club members could sway the federal government in its determination to cleanse Wellington of all non-governmental activities. Minister of Public Works Erik Nielsen gave the order to demolish the ruins of the Club on November 6. His successor Paul Cosgrove confirmed that a new location would have to be found. The search for a new permanent site began immediately, after a suite at the Chateau Laurier Hotel had been secured on a temporary basis. The proverbial Rideau Club in exile had been established.

Its rise from the flames was a nearly instant affair, with cozy and commodious accommodations at the

On avait longuement discuté du site où le Club pourrait s'installer après son expropriation par le gouvernement fédéral en 1973. Les craintes de voir le premier ministre Pierre Elliott Trudeau et la Commission de la capitale nationale (CCN) se lancer dans de vastes travaux de restauration de la ville dans l'esprit de la transformation de Paris entreprise par Napoléon III n'étaient pas sans fondement. Ce ne fut pas le manque de créativité de la CCN qui entrava un tel développement, mais bien le ralentissement de l'économie pendant les années 1970.

Erik Nielsen, le ministre des Travaux publics, ordonna la démolition des ruines du Club le 6 novembre 1979 et son successeur Paul Cosgrove confirma qu'il faudrait trouver un nouveau site. Les travaux de démolition commencèrent trois jours plus tard, à peine deux semaines après l'incendie qui ravagea l'immeuble qui avait trôné si fièrement face au parlement durant des générations. On ne reconstruisit rien sur la rue Wellington et même l'influence des membres du Club ne suffit pas à ébranler la volonté du gouvernement fédéral de chasser de cette artère toutes les activités qui n'étaient pas de nature gouvernementale. Le Club réserva une suite au Château Laurier pour se loger temporairement puis se mit à la

*The remains of the Clubhouse following a day of demolition work*

*Les ruines du Club après une journée de démolition*

*Letter from Senator relating to club accounts destroyed by the fire*

*Lettre d'un sénateur concernant un compte détruit dans l'incendie*

recherche d'un nouveau lieu. L'exil du Rideau Club venait de débuter.

Le Club renaquit rapidement de ses cendres dans la spacieuse et accueillante suite 110 du Château Laurier, qui avait été à une époque l'ambassade de Grèce puis la résidence du premier ministre R.B. Bennett. Cette rapidité de réaction en dit long non seulement sur l'ingéniosité et la volonté des membres, mais aussi sur les souhaits de son personnel à aller de l'avant. La dévotion des employés joua un grand rôle pour permettre la poursuite des activités du Club et maintenir la loyauté d'un grand nombre de membres.

Même si l'installation au Château Laurier, qui appartenait aux hôtels du Canadien National, devait être temporaire, on songea un temps à y acheter des espaces. Le Club y aurait gagné une grande visibilité puisqu'il se serait trouvé à deux pas du parlement.

Pendant ce temps, le président du Club James Ross rencontra le ministre des Travaux publics pour explorer la possibilité d'un nouveau siège permanent. Le ministre lui proposa d'abord des locaux dans l'édifice Metropolitan Life sur la rue Wellington, lui aussi exproprié par le gouvernement fédéral, ainsi que dans l'édifice Birks sur Sparks. Aucune de ces solutions n'était permanente ni suffisamment spacieuse.

Ces premières négociations inquiétèrent les membres. Beaucoup croyaient que le Club devait suspendre les discussions avec le gouvernement jusqu'à la conclusion du procès sur l'expropriation de l'immeuble sur Wellington. L'emplacement préféré par bon nombre était l'ambassade des États-Unis située à l'ouest de l'édifice incendié sur Wellington. Pendant des années, le Club avait eu une entente à l'amiable avec le personnel consulaire américain qui permettait aux membres d'y garer leur voiture après les heures d'ouverture. On prévoyait que l'édifice soit libéré en 1983, mais cela ne se produisit que 16 ans plus tard. Denis Coolican, vice-président du Club, prit la direction du comité des installations chargé de trouver un nouveau lieu.

En avril 1980, le Club engagea la firme d'architectes Murray and Murray, très respectée à Ottawa, pour évaluer les emplacements et le conseiller sur les coûts d'acquisition, des travaux et de l'exploitation à long terme.

Chateau in Suite 110, the former residence of the Embassy of Greece and also of Prime Minister R.B. Bennett. This spoke to the resourcefulness of not only the Club's leadership and the spirit to carry on, but the willingness of its staff to press forward. The staff's devotion had as much to do with the Club's continuing operation as the loyal fervor of a significant portion of the membership.

The setup at the Chateau Laurier was viewed at first as temporary. However, with the passage of time consideration was given to buying space there from Canadian National Hotels. This would have given the Club a high-profile, easily accessible location a stone's throw from Parliament.

Simultaneously with these efforts, Club President James Ross met with the Minister of Public Works to explore the potential for a new permanent location. At first the Minister offered space in the Metropolitan Life building on Wellington Street, another of the buildings expropriated by the federal government. The Birks building along Sparks Street was also given as an alternative. Neither was felt to offer the necessary space or permanence.

There was some disquiet in the Club surrounding these early negotiations. Many members felt that discussions with the Government should be avoided until the ongoing court case over expropriation of the Club's

*Entrance to the Rideau Club's temporary location at the Chateau Laurier*

*L'entrée des locaux temporaires du Club au Château Laurier*

*Club's Main Dining Room at the Chateau Laurier*

*La salle à manger principale du Club au Château Laurier*

*Club Luncheon Room at the Chateau Laurier*

*La salle à déjeuner du Club au Château Laurier*

*Club Library at the Chateau Laurier*

*La bibliothèque du Club au Château Laurier*

## DENIS M. COOLICAN
### *(1913–1995)*

## DENIS M. COOLICAN
### *(1913–1995)*

A long-time reeve of the village of Rockcliffe Park in Ottawa, Coolican was active in the city's municipal and business communities. Holding leadership roles as President of the Canadian Bank Note Company, President of the Club, and President of the Royal Canadian Geographical Society, he became renowned for his deft handling of difficult matters in a wide variety of spheres and took a truly interdisciplinary approach to all his endeavours.

Coolican fut longtemps président du conseil municipal du village de Rockcliffe Park et actif dans le milieu municipal et la communauté d'affaires de la région d'Ottawa. Il joua un rôle de chef de file à titre de président de la Canadian Bank Note Company, du Rideau Club et de la Société géographique royale du Canada, et acquit une renommée pour son habileté à gérer des enjeux difficiles dans différentes sphères d'activité. Il adoptait une approche interdisciplinaire dans tous les projets qu'il entreprenait.

## Building Data

Retail: — Ground Floor — 21,300 square feet
Office Space: — 14 floors — 2nd to 15th inclusive
— 6 floors of rentable area, 27,800 square feet each, 3rd to 8th inclusive
— Metropolitan will occupy the 2nd and 9th to 15th floors
— Cafeteria and dining room located on lower promenade
— Nearby future rapid transit stations

## Building Information

— Earthquake resistant structure
— Exterior facade of grey granite and curtain wall double glazed with tinted reflective glass
— Office Bays 30'-0" X 30'-0" unobstructed
— Underfloor electrical and telephone duct at 5'-0" centre to centre
— Year round air-conditioning
— Full life safety and security including
— sprinkler and stand pipe system
— audio fire evacuation system
— 9 high speed elevators

## Architects

— Marani, Rounthwaite and Dick

## Typical Floor Plan

Wellington Street location was resolved. A favourite potential location routinely proposed was the American Embassy, immediately to the west of the Club on Wellington. For years the Club had a friendly agreement with the U.S. consular staff that allowed for parking of members' cars there after hours. It was expected that the building would become vacant by 1983, an event, however, that did not occur until 1999. The Club's then Vice-President, Denis Coolican, who was chair of the Building Committee, became the lead member on efforts to seek a new location.

By April 1980 the Club had engaged Murray and Murray Architects, a widely respected Ottawa partnership, to examine various potential new locations and provide advice on the cost of purchase, remodelling and long-term operations. No fewer than twenty-six potential buildings and sites were considered. These included the old Berkley Hotel on Slater Street, the second floor of the British High Commission on Elgin Street, the top floor of the Skyline Hotel, a site located at the corner of Albert and Metcalfe Streets, and the space over the top of the parking garage of the Château Laurier. The committee's discussions were leaky. Repeated notes had to be

*Brochure advertising the building at 99 Bank Street*

*Dépliant promotionnel de l'immeuble au 99, rue Bank*

sent to members of the Building Committee reminding them that their deliberations were confidential.

In June 1980 a list of potential locations was circulated to members for comment. Coolican was anxious that a new permanent site be chosen and occupied within twenty-four months. Without a long-term home, the Club was beginning to hemorrhage members; its longevity was in jeopardy. A portion of the membership was fixated on the old location. Eliciting positive comment about any of the other twenty-six locations was difficult at best. The Metropolitan Life Insurance Company had repeatedly offered the Club the top floor of its relatively new fifteen-storey office block at 99 Bank Street, but at first the Building Committee did not view this favourably. However, as the architects delved deeper into the pitfalls of many of the other possibilities, the MetLife Building became a dark horse in the race to re-establish a permanent home.

By the end of 1983 the Club had purchased the fifteenth floor with space totalling 2,573 square metres (27,696 square feet) and secured the number 1 elevator as a private one for exclusive express service to the Club. The price of $5,250,000 was paid out of the $10 million settlement from the protracted *Rideau Club v. The Queen* case. A further $2,850,000 was invested in finishing the interior, furnishing it, and purchasing all the wares necessary for the operation of a club. It was the final resolution of the court case that pushed the establishment of a new location forward.

The Club's new home had initially served as the executive suite for MetLife, which no longer needed the space following head office restructuring. Like the Rideau Club, MetLife had previously been located in a stately building on Wellington Street facing Parliament Hill. Sir John A. Macdonald, the Club's first president, had served as a director of MetLife, so there was at the very least a curious connection between the old location and the new.

The new quarters provided an impressive view of Parliament and surrounding precincts, along with a rooftop view. It also offered something the old Club building had been unable to provide for more than half a century — a structure and physical plant that required minimal maintenance. Earlier problems with heating, electrical and sprinkler systems, fire regulations, insulation, and a stone structure were exchanged for somewhat less critical challenges. These included insulating the sound of the elevator system, installing an industrial

Ils analysèrent pas moins de 26 édifices et sites, notamment l'ancien hôtel Berkley sur la rue Slater, le deuxième étage du Haut-commissariat de Grande-Bretagne sur la rue Elgin, le dernier étage de l'hôtel Skyline, un terrain à l'angle des rues Albert et Metcalfe ainsi que l'espace au-dessus du garage du Château Laurier. Il y eut des fuites et la direction dut envoyer aux membres du comité des installations des notes de service pour leur rappeler que la teneur des discussions était confidentielle.

Deux mois plus tard, en juin, on fit circuler auprès des membres une liste d'emplacements potentiels. Coolican tenait à ce que le Club choisisse un nouveau site permanent et s'y installe moins de deux ans plus tard puisqu'il commençait à perdre des effectifs et sa pérennité était menacée. Certains membres tenaient mordicus à demeurer sur l'ancien site et il fut difficile d'obtenir des arguments en faveur des 26 autres propositions. La Metropolitan Life Insurance Company avait offert à plusieurs reprises au Club d'occuper le quinzième et dernier étage de son siège social, un édifice récent situé au 99 de la rue Bank. Au départ, cette option ne suscita pas l'enthousiasme du comité, mais les architectes découvraient de plus en plus d'embûches avec les autres emplacements et l'édifice de MetLife devint à la surprise de tous le lieu le plus adéquat pour accueillir le Club.

À la fin de 1983, le Club acquit pour la somme de 5 250 000 $ le 15ᵉ étage d'une superficie totale de 2 573 mètres carrés et réserva l'ascenseur numéro un à son usage exclusif. Ce fut le règlement du procès qui permit au Club de se trouver une nouvelle maison : cette somme provenait de la compensation de 10 millions de dollars obtenue à la suite du règlement du long procès *Rideau Club c. Sa Majesté la Reine* à la suite de l'expropriation de l'immeuble de la rue Wellington. On investit la somme de 2 850 000 $ pour rénover l'intérieur, le meubler et acheter tout le matériel nécessaire à l'exploitation du Club.

Les nouveaux locaux du Club servaient à l'origine de bureaux pour la direction de MetLife, qui n'avait plus besoin de cet espace à la suite de la restructuration de son siège social. Comme le Rideau Club, MetLife avait déjà eu ses quartiers dans un édifice imposant sur la rue Wellington face à la Colline du Parlement. D'ailleurs, une étrange coïncidence relie l'ancien siège du Club et le nouveau : sir John A. Macdonald, premier président du Club et son membre le plus éminent, avait siégé au conseil d'administration de la société d'assurance.

*The completed Foyer c. 1985*
*Le hall d'entrée au 99 rue Bank, v. 1985*

kitchen, and creating the ambience of a stately Club more than 75 metres (250 feet) above street level. These issues were left to an able team of architects and interior designers who set out to achieve what naval architects responsible for designing luxury liners such as the RMS *Queen Elizabeth 2* and the RMS *Queen Mary 2* became renowned for: taking an essentially spartan industrial space and converting it into rooms with the elegance of the Edwardian era and convenience of the late twentieth century. Long-time Club member Charles Lynch aptly noted that the new surroundings had a certain "Nautical elegance, aloft."

As with all such major undertakings, a special committee was established to oversee the design and furnishings of the new location. The New Facilities Committee consisted of six members: Bill Burnside, Darcy Côté, Al Hofer, Laurence McArdle, Jean Pigott, and Judith Yarosky. Working closely with architect Tim Murray and designer Giovanni Mowinkel, it fell to this team to

Les nouveaux quartiers offraient une vue impressionnante sur les toits du parlement et des environs. Ils lui offraient aussi quelque chose qui avait fait défaut dans l'ancien immeuble pendant plus d'un demi-siècle : une structure et des installations qui requéraient un entretien minimal. Le Club troquait ses anciens problèmes (chauffage, système électrique, extincteurs automatiques, sécurité contre les incendies, isolation et structure en pierre) contre des soucis beaucoup moins graves : insonoriser la cage d'ascenseur, aménager une cuisine industrielle et recréer l'ambiance feutrée d'un Club à plus de 75 mètres au-dessus du niveau du sol. Une équipe d'architectes et de décorateurs se sont mis à pied d'œuvre pour réussir, comme les architectes navals des luxueux paquebots RMS *Queen Elizabeth 2* et RMS *Queen Mary 2*, à convertir un espace industriel dénudé en locaux élégants de style édouardien pourvu des commodités de la fin du 20e siècle. Charles Lynch, un membre de longue date, souligna avec beaucoup d'à-propos que les nouveaux locaux du

*Conceptual design of North Gallery by Murray and Murray Architects*
*Étude conceptuelle de la galerie nord par Murray et Murray Architectes*

transform the top floor of a reinforced concrete office block into a proper club.

The committee pored over every detail of the new location: everything from a $28,000 crystal chandelier imported from Britain and drapes, upholstery and artwork, to the custom-crafted twelve Ionic maple pillars created by local woodworker Charlie Marshall. Some obstacles, such as drilling into the foyer ceiling to fashion a rotunda-like dome for the chandelier, had to be overcome through persistent negotiating. Right down to the lighting of the dining room, a task undertaken by renowned lighting expert Phil Gabriel, and the procurement of art and antiques through purchase and donation, the interior of the new Club began to come to life. One notable contribution came from master photographer Yousuf Karsh, who donated an impressive collection of his portraiture to adorn the walls of the new premises. This helped give the Club a truly Canadian personality.

The Club's Chateau Laurier location closed in June 1984 to allow the staff to move themselves into the new location. Furniture, china, silver, and art salvaged from the ruins of the fire were transferred to the new facilities

Club dégageaient une certaine « élégance nautique en plein ciel ».

Comme pour tout projet d'envergure, un comité spécial fut mis sur pied pour superviser les plans et l'ameublement. Le comité du nouvel édifice réunissait six membres : Bill Burnside, Darcy Côté, Al Hofer, Laurence McArdle, Jean Pigott et Judith Yarosky. Cette équipe, qui travaillait en étroite collaboration avec l'architecte Tim Murray et le designer Giovanni Mowinkel, eut la mission de transformer le dernier étage d'un immeuble de bureaux en béton armé en club digne de ce nom.

Le comité analysa les moindres détails d'aménagement des nouveaux locaux : du lustre en cristal de 28 000 $ importé de Grande-Bretagne jusqu'aux rideaux, aux tissus d'ameublement, aux œuvres d'art et à la douzaine de colonnes ioniques en érable faites sur mesure par un ébéniste de la région, Charlie Marshall. Certains obstacles furent surmontés au prix de longues négociations, comme percer une rotonde dans le plafond du hall pour suspendre le lustre. Grâce notamment à la conception de l'éclairage de la salle à manger confiée à un expert renommé, Phil Gabriel, et à l'acquisition d'œuvres d'art

*Main Dining Room c. 1985*
*La salle à manger principale v. 1985*

*The Karsh Room*
*La salle Karsh*

*View of the Parliamentary precinct from the Club Verandah*
*Panorama de la Colline du Parlement vu de la véranda du Club*

*Library c. 1985*
*La bibliothèque v. 1985*

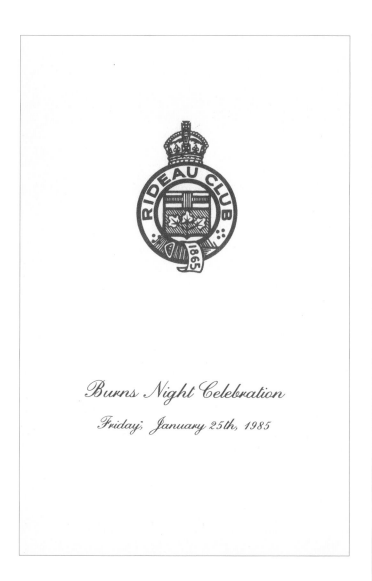

*Burns Night Celebration*

*Friday, January 25th, 1985*

high over Ottawa. Additional staff were hired and trained throughout the summer months. Finally, on August 27, 1984, the Rideau Club formally opened at 99 Bank Street. The Club's exile had come to an end with a rebirth in the clouds.

et d'antiquités par don ou achat, l'intérieur du nouveau Club prenait vie graduellement. Le grand photographe portraitiste Yousuf Karsh fit don d'une imposante collection de portraits pour orner les murs, ce qui conféra une personnalité tout à fait canadienne au Club.

Le Club ferma ses quartiers temporaires du Château Laurier en juin 1984 afin de permettre au personnel d'aménager et d'organiser les nouveaux locaux. Les quelques meubles, œuvres d'art, pièces d'argenterie et de porcelaine récupérés des ruines de la rue Wellington furent rapatriés et, le 27 août, on procéda à la réouverture officielle du Rideau Club au 99, rue Bank. Son exil venait de prendre fin et le Club renaissait, haut perché dans le ciel d'Ottawa.

## CHAPTER EIGHT

# LOYAL RETAINERS:
## *Two Exemplars of Service*

---

*"The Steward shall be under the control of the said Committee and shall promptly obey and observe all lawful orders commands instructions and suggestions…. The Steward shall reside in The Club and shall give his whole time and attention to his duties."*

— AGREEMENT BETWEEN W.C. KING
AND THE RIDEAU CLUB, NOVEMBER 1893

---

# UNE LOYAUTÉ EXEMPLAIRE

---

« *L'Intendant obéira aux directives dudit Comité. Il agira promptement et obéira rapidement et observera tous ses ordres, ses instructions et ses suggestions légitimes. […] L'Intendant résidera au Club et consacrera chaque minute de son temps et toute son attention à ses tâches.* »

— ENTENTE INTERVENUE ENTRE
W.C. KING ET LE RIDEAU CLUB
NOVEMBRE 1893 [TRADUCTION LIBRE]

---

The Club has long striven to ensure that its employees are treated as part of a broader family devoted to the service and assistance of the membership. However, lingering modes of Victorian class structure and labour standards did not always lend themselves to an ideal relationship. Nevertheless, the membership, collectively and individually, has a history of aiding and assisting its staff. The surviving Club minute books, for example, contain references to collecting funds for Christmas and retirement gifts. In the era before formalized pensions, it was also customary for long-serving servants of the Club to be given an annuity and an engraved silver tray upon retirement or as they approached service milestones.

Two of the Club's longest serving employees spent their entire professional lives in the service of the Club. Indeed, their stay almost overlapped. In many ways these dedicated two were the proverbial courtiers to generations of members — always attentive to the preferences and peculiarities that make the Club such a personal place for those who use it.

Joseph Arthur Lacelle, affectionately known as "Archie," came on staff in 1904 following a brief period as a House of Commons page. He would remain a fixture

Le Club veille depuis toujours à traiter ses employés comme les membres d'une grande famille vouée au service. Toutefois, des vestiges de la structure de classes et des normes de travail de l'ère victorienne ne furent pas toujours compatibles avec une relation idéale. Néanmoins, les membres — collectivement et individuellement — aidaient et soutenaient toujours les employés du Club. Les procès-verbaux, par exemple, font mention de collectes de fonds pour des cadeaux de Noël et de retraite destinés aux employés. Avant que les régimes de retraite ne soient généralisés, le Club avait l'habitude de remettre à ses employés de longue date une rente et un plateau en argent gravé à leur retraite ou lorsqu'ils célébraient un anniversaire important.

Deux des employés les plus fidèles du Club consacrèrent toute leur vie professionnelle aux membres. Étrangement, leurs carrières se sont presque chevauchées. Ces gens dévoués furent à plusieurs égards des personnages légendaires pour des générations de membres : leur souci de respecter les préférences et les particularités de chacun contribuèrent à faire du Club un lieu personnalisé pour tous ceux qui le fréquentent.

Affectueusement surnommé « Archie », Joseph Arthur Lacelle entra au service du Club en 1904 après avoir été brièvement page à la Chambre des communes et fit partie du quotidien du Club jusqu'à sa retraite en 1961. Les

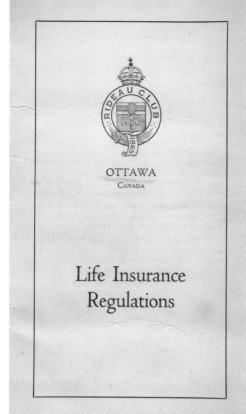

*Employee Life Insurance Plan booklet*

*Livret sur le régime d'assurance-vie pour les employés*

*Kitchen Staff c. 2002*

*Brigade de cuisine v. 2002*

*House Staff c. 2002*

*Personnel du Club v. 2002*

membres aimaient tant sa présence qu'ils commandèrent un portrait officiel en témoignage de leur gratitude pour son dévouement de chaque instant et son souci de bien les servir.

Embauché à l'origine comme adjoint du chef cuisinier, Archie enfila peu après l'uniforme du chasseur : la veste rouge à galons dorés et la casquette sans visière. En 1906, il fut promu portier, un poste qu'il occupera pour les 55 années suivantes. À titre de « gardien » officiel de l'entrée du Club et de protecteur officieux des lieux contre les intrus, les visiteuses et les questions incongrues, Archie gagna l'affection de tous ceux qui considéraient le Club comme leur deuxième chez soi. Sa mémoire des noms et des visages des membres, et même de l'année de leur élection, ainsi que sa probité à empêcher les non-membres — peu importe leur poste élevé — à pénétrer sans autorisation étaient légendaires. On raconte encore plusieurs anecdotes témoignant de l'efficacité d'Archie. La plus amusante met en scène des ministres du gouvernement fédéral (qui demeurent depuis la Confédération les « créatures » officielles les plus imposantes à Ottawa).

Dans les années 1930, un certain ministre qui avait été proposé pour être membre se présenta au Club le jour même du vote avec deux invités, prêt à s'inscrire au bureau du portier comme il avait sans doute vu faire de nombreux collègues. « Qui êtes-vous et que voulez-vous ? » lui demanda Archie. Le ministre répondit : « Je suis Untel et j'amène deux amis pour manger. » Archie répliqua : « Mais vous n'êtes pas encore membre... Ils n'ont pas compté les votes. » D'un ton qui trahissait son malaise, le ministre ajouta : « Alors, qu'est-ce que je dois faire ? » Archie avait une réponse toute prête : « Vous ne pouvez pas emmener d'invités au Club à moins d'être membre. Je vous conseille donc de vous diriger au Château [Laurier]. » Archie respectait la confidentialité à un point tel qu'il ne dévoila jamais l'identité du ministre. Sa réaction n'était probablement pas étrangère à un incident survenu au début de sa carrière lorsqu'il fit suivre une lettre laissée au Club à la résidence du membre, missive qui permit à l'épouse du pauvre membre d'apprendre certains secrets... Archie prit sa retraite en novembre 1961 et mourut quatre ans plus tard, l'année du centenaire du Club, le 27 octobre.

Maria Lengemann, une immigrante originaire d'Allemagne de l'Ouest, entra à l'emploi du Club moins d'un an après le départ à la retraite d'Archie. Elle y travaillait toujours à l'occasion en 2014 après avoir cessé

## CHARLES LYNCH
### *(1919–1994)*

A noted journalist and author, Lynch was a fixture of the Rideau Club for more than thirty years. One of the few journalists to land on the beaches of Normandy on D-Day, he travelled the world in the early part of his career with stints in Rio de Janeiro, New York, and China. Aside from his journalistic prowess and style, Lynch will always be remembered for his work *Up from the Ashes*, the 125th anniversary history of the Rideau Club. He is credited with saving a number of artifacts from the burned out shell of the Wellington Street clubhouse, notably an Inuit sculpture and an unspecified quantity of wine.

## CHARLES LYNCH
### *(1919–1994)*

Auteur et journaliste renommé, Lynch fréquenta assidûment le Rideau Club pendant plus de 30 ans. Il fut l'un des rares correspondants à participer au Débarquement sur les plages de Normandie et séjourna un peu partout dans le monde au début de sa carrière, notamment à Rio de Janeiro, à New York et en Chine. On se souviendra toujours de Lynch pour son style unique et ses exploits journalistiques, mais aussi pour son ouvrage *Up from the Ashes* rédigé à l'occasion du 125ᵉ anniversaire du Rideau Club. Il récupéra de nombreux objets des décombres de l'immeuble sur la rue Wellington, notamment une sculpture inuit et un nombre indéterminé de bouteilles de vin.

## YOUSUF KARSH
### (1908–2002)

As Canada's most famous photographer and the twentieth century's foremost photographic portraitist, Karsh photographed the who's who of the international stage. A loyal clubman, Karsh, along with his brother Malak, made important photographic donations to the Club following its relocation to 99 Bank Street. An Armenian by birth, Karsh was one of the first people sworn in as a citizen in 1947 following the introduction of Canadian citizenship. In a curious connection, Karsh would eventually take up permanent residence in the same Chateau Laurier suite that the Club used as its temporary location following the great fire.

## YOUSUF KARSH
### (1908–2002)

Karsh est le photographe canadien le plus célèbre et l'un des portraitistes les plus reconnus du 20e siècle. Tous les personnages importants de la scène internationale ont posé pour lui. Membres loyaux du Club, Yousuf et son frère Malak firent de nombreux dons au Club lors du déménagement au 99 rue Bank. Arménien d'origine, Karsh fut en 1947 l'une des premières personnes assermentées après l'introduction de la citoyenneté canadienne. Par une étrange coïncidence, Karsh s'installa en permanence dans la même suite du Château Laurier que le Club avait occupée temporairement après le grand incendie.

until his retirement in 1961. So beloved was Archie's familiar presence that the Club commissioned a formal portrait of him as a testament to his devotion and sense of service.

Beginning with menial kitchen work assisting the chef, Archie was soon promoted to bellboy, clad in a red jacket with gold trim and wearing a pillbox hat. By 1906 he had risen to the position of Hall Porter where he would remain in service for the next fifty-five years. As the official gatekeeper of the Club's entrance, and unofficial protector of the general membership from unwanted guests, lady callers, and awkward questions, Archie endeared himself to those who considered the Club a second home. His memory for faces and members, down to even the year of their election, and his probity in preventing non-members — no matter how lofty their position — from gaining unauthorized access were legendary. Several anecdotes of Archie's proficiency survive, the most amusing involving federal Cabinet Ministers (who since Confederation have been, and remain, the most imposing creatures of official Ottawa).

During the 1930s, a certain Minister who had been nominated for membership arrived at the Club with two guests on the very day of the balloting and prepared to register them at the porter's desk — as he had no doubt witnessed many colleagues who were members do. Archie asked, "Who are you, and what are you doing?" The Minister replied, "I am so and so and I am introducing two guests for lunch." The reply came: "But ... you are not yet a member ... they haven't counted the votes." Replying in a tone that questioned the awkward position he felt Archie had placed him in, the perturbed Minister said, "Well, then, what I am to do?" To this Archie had a top-drawer answer: "You can't bring guests into this Club unless you are a member, so I advise you to take yours down to the Chateau [Laurier]." The identity of the Minister was never revealed, such was the confidentiality with which Archie conducted himself. This was almost certainly not unrelated to an incident that occurred early in Archie's employment whereby he accidentally forwarded an un-retrieved letter left at the Club to a member's home, thereby revealing some secret to the unfortunate member's wife. Archie retired in November 1961 and died on October 27, 1965, during the Club's centennial year.

Within a year of Archie's retirement, a new employee by the name of Maria Lengemann joined the staff. An immigrant from West Germany, Maria was still continuing

*Painting of Archie Lacelle, presented to him on his retirement in 1961*

*Portrait remis à Archie Lacelle à l'occasion de sa retraite en 1961*

d'y travailler à temps plein comme hôtesse principale en 2001. Elle eut une carrière remarquable non seulement pour sa longévité, mais en raison de sa joie de vivre qui contribue à faire du Club un endroit spécial. Elle est un témoin vivant des épreuves et des réussites du Club — et de ses membres — durant cinq décennies.

Après le grand incendie de 1979, Maria fut l'une des premières à entreprendre la récupération de la vaisselle, des pièces d'argenterie, des souvenirs et des autres biens du Club. Elle joua un rôle de premier plan pour réinstaller temporairement le Club lors de son exil au Château Laurier et sa présence familière rassura certainement les membres. On la consulta ensuite pour toutes sortes de détails — bien au-delà de la quantité d'assiettes et de nappes — lorsque vint le temps de reprendre les activités au 99 rue Bank.

Maria eut l'honneur de servir le gouverneur général Georges Vanier lors de la réception du centenaire du Club en 1964, et elle se souvient de chaque détail. Maria a vu les innombrables dignitaires et tous les premiers ministres depuis John Diefenbaker qui ont fréquenté le Club, mais

*Maria Lengemann*

her service to the Club in 2014 on an occasional basis after retiring from full-time work as Senior Hostess at the end of 2001. Her service has been remarkable not only because of its length, but also on account of the joy Maria has taken from making the Club such a special place. She is a living witness to the Club's trials, tribulations, successes, and triumphs over five decades — not to mention those of its membership. To Maria, discretion was always a priceless attribute, and, despite the countless amusing anecdotes she could tell, only a few have been shared.

un visiteur en particulier (une de ses idoles) l'a marquée plus que tout autre : la star hollywoodienne Burt Reynolds dans les années 1990.

À l'occasion de son 40ᵉ anniversaire au service du Club en 2002, des membres lui adressèrent cette *Ode à Maria* :

*Il y a quarante ans tout juste*
*Quand le Club était face à la Colline*
*Arriva une jeune Allemande*
*Dont certains se souviennent encore*

*Grande et belle, elle bougeait avec grâce*
*Elle aimait le bruit et l'activité*
*Et par chance pour nous,*
*Elle aimait le Rideau Club*

*Citoyens ordinaires ou chefs d'État*
*Elle les recevait tous*
*Et peu importe leur retard*
*Elle arborait un sourire*

## MERIEL V.M. BEAMENT BRADFORD
### *(1944–    )*

A senior public office holder, Bradford has held a variety of positions in government and the private sector, with such diverse range as social policy, trade, telecommunications, and international affairs. Her government positions included service as Assistant Chief Negotiator for the North American Free Trade Agreement (services and immigration), as member of the Canadian International Trade Tribunal, and Vice-President of Canada Lands Company Ltd. She joined the Club in 1989, and in 2005 became its first female President.

## MERIEL V.M. BEAMENT BRADFORD
### *(1944–    )*

Haut fonctionnaire, Bradford a occupé de nombreux postes au gouvernement et dans le secteur privé, dans une variété de domaines : politique sociale, commerce, télécommunications et affaires internationales. Au gouvernement, elle a notamment été négociatrice en chef adjointe pour l'Accord de libre-échange nord-américain (services et immigration), membre du Tribunal canadien du commerce extérieur et vice-présidente de la Société immobilière du Canada limitée. Membre du Club depuis 1989, elle devint en 2005 la première femme à le présider.

Following the great fire of 1979, Maria was one of the first to begin the salvage of Club property, everything from china and silver to memorabilia. During the Club's period of exile at the Chateau Laurier, she played a central role in the impromptu setup, and her familiar presence certainly comforted the members. When it came time to establish the Club at 99 Bank Street, Maria was consulted on a variety of details, well beyond just how much crockery and table linen would be required.

During the Club's 1964 Centennial Dinner, Maria had the honour of serving Governor General Georges Vanier, an occasion she remembers with great detail. Prime Ministers dating back to John Diefenbaker, and countless other dignitaries, have graced the Club's dining room in her time, and Maria has seen them all. One visit that remains vivid in her memory, and a personal favourite, is that of movie star Burt Reynolds in the 1990s.

In 2002, upon Maria's fortieth anniversary of service, members penned this *Ode to Maria:*

*Robert J. Lams*

*Cory Haskins, Club Chef, 1999–2013*
*Cory Haskins, chef de cuisine du Club de 1999 à 2013*

*Forty years ago just now*
*When the Club was next the Hill*
*There came to town a German lass*
*Some can remember still*

*Tall and fair she moved with grace*
*Enjoyed the din and hub*
*And fortunate for us it was*
*She liked the Rideau Club*

*From common folk to heads of state*
*She welcomed all the while*
*And whether punctual or late*
*She greeted with a smile*

*Those forty years have flown by*
*And many still remember*
*Maria, she was always there*
*From January to December*

*And so the time has come to pass*
*Though often we shall see her*
*For a well deserved rest at last*
*With all our love, Maria.*

As the Club's 150th anniversary approached, service of a decade or more was not uncommon among valued employees who still serve — such as Robert J. Lams who has been General Manager since 1998 — and who have made it their vocation to afford members a special feeling of comfort and belonging.

*Quarante années se sont envolées*
*Et beaucoup se souviennent encore*
*Que Maria était toujours là*
*De janvier à décembre*

*Le temps est venu*
*D'un repos bien mérité*
*Et même si nous la verrons souvent,*
*Avec tout notre amour, Maria.*

À l'approche du 150ᵉ anniversaire du Club, de nombreux employés voués à l'accueil et au bien-être des membres comptent plus de dix ans au service du Club, comme M. Robert J. Lams qui occupe le poste de directeur général depuis 1998.

CHAPTER NINE

# THE ROYAL CONNECTION:
## *Dukes, Lords, and Governors General*

---

*"His Royal Highness has much pleasure in consenting to become an Hon[ourary] Member of the Rideau Club, Ottawa."*

— SIR ARTHUR BIGGE, PRIVATE SECRETARY
TO THE PRINCE OF WALES, TO A.Z. PALMER,
CLUB SECRETARY, AUGUST 18, 1902

---

The Club has long had a close relationship with the Crown in the person of Canada's Governors General and several provincial Lieutenant Governors. From the establishment of the Club, successive Governors General have been honorary members. Photographs of Governors General dating back to the time of Confederation line the Club's entrance hall. A large Karsh photo portrait of Queen Elizabeth II and the Duke of Edinburgh also adorns the Club's interior.

The involvement of vice-regals in the Club, notably Governors General such as Lord Minto, the Duke of Connaught, the Earl of Athlone, and Roland Michener, provides an interesting window into the Club's historic standing in "official" Ottawa and the capital's social life. Successive Governors General have served as honorary members, as have two of Canada's sovereigns, King George V and King Edward VIII.

Various Royal visitors have attended Club functions. The most prominent were the Duke of Cornwall and York (the future King George V), who made his Royal Visit in 1901; the Prince of Wales (later to ascend the throne as King Edward VIII and within a year abdicate it), who visited the Club in 1919; and, in 1998, the Duke of Edinburgh. Perhaps the most significant of these was the September 1901 visit of the Duke and Duchess of

CHAPITRE NEUF

# LA VOIE ROYALE :
## *ducs, lords et gouverneurs généraux*

---

*« Son Excellence consent avec grand plaisir à devenir Membre Hon[oraire] du Rideau Club d'Ottawa. »*

— LETTRE DE SIR ARTHUR BIGGE,
SECRÉTAIRE PARTICULIER DU PRINCE DE GALLES,
ADRESSÉE À A.Z. PALMER, SECRÉTAIRE DU CLUB
LE 18 AOÛT 1902 [TRADUCTION LIBRE]

---

Le Club entretient depuis longtemps des relations privilégiées avec la Couronne par l'entremise du gouverneur général du Canada et de plusieurs lieutenants-gouverneurs provinciaux. Des gouverneurs généraux sont nommés membres honoraires depuis la fondation du Club. D'ailleurs, les photographies des gouverneurs généraux nommés depuis la Confédération sont accrochées dans le hall d'entrée du Club et deux grands portraits de la reine Elizabeth II et du duc d'Édimbourg signés par Karsh ornent aussi les murs.

La participation des représentants vice-royaux à la vie du Club — en particulier les gouverneurs généraux lord Minto, le duc de Connaught, le comte d'Athlone et Roland Michener — donne un aperçu intéressant du rôle historique du Club au sein du cercle « officiel » d'Ottawa et de la vie sociale de la capitale. En outre, les rois George V et Édouard VIII ont été membres honoraires.

De nombreux membres de la royauté assistèrent à des activités au Club. Les visiteurs les plus éminents furent le duc de Cornouailles et d'York (le futur roi George V) qui vint en visite royale en 1901, le prince de Galles en 1919 (qui monta sur le trône sous le nom d'Édouard VIII et abdiqua moins d'un an plus tard) ainsi que le duc d'Édimbourg en 1998. La visite la plus marquante fut probablement celle du duc et de la duchesse de Cornouailles

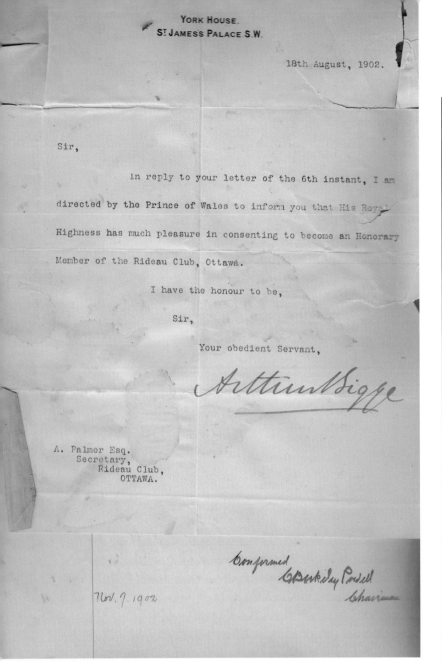

YORK HOUSE.
St JAMESS PALACE S.W.

18th August, 1902.

Sir,

In reply to your letter of the 6th instant, I am directed by the Prince of Wales to inform you that His Royal Highness has much pleasure in consenting to become an Honorary Member of the Rideau Club, Ottawa.

I have the honour to be,

Sir,

Your obedient Servant,

*Arthur Bigge*

A. Palmer Esq.
Secretary,
Rideau Club,
OTTAWA.

*Confirmed
C Berkeley Powell
Chairman*

*Nov. 7. 1902*

---

RIDEAU HALL
OTTAWA
K1A 0A1

GOVERNMENT HOUSE
RÉSIDENCE DU GOUVERNEUR GÉNÉRAL                    9th February 1981

Dear Mr. Roberge,

Thank you for your letter of the 30th of January and for the 1981 membership card. Please convey to the Directors and members of the Rideau Club my appreciation for the membership, and my best wishes.

Yours sincerely,

*Ed Schreyer*
Governor General of Canada

Mr. Guy Roberge,
President,
Rideau Club,
Suite 808,
151 Sparks Street,
Ottawa,
K1P 5E3

*Letter from the Private Secretary to the Prince of Wales accepting King George V, who became the Club's first Royal member*

*Lettre du secrétaire particulier du Prince de Galles annonçant que le Roi George V accepte de devenir premier membre royal du Club*

*Letter from Schreyer accepting to serve as an honorary member*
*Lettre de Schreyer dans laquelle il accepte de devenir membre honoraire*

Cornwall and York as they toured the British Empire (the future King George V and Queen Mary). The Duke was a "club man" and there is little doubt he felt quite at home within the confines of the Rideau Club.

Club member Joseph Pope was the well-placed bureaucrat behind organizing the Duke's appearance. Pope was one of those loyal retainers with a pioneering spirit, a true builder of Canada and counsellor to its leaders at the most senior level. A native of Prince Edward Island who made his way to Ottawa at the time of Confederation, Pope rose through his organizational ability

et d'York (futurs roi George V et reine Mary) en septembre 1901 à l'occasion d'une tournée de l'Empire britannique. Le duc fréquentait les clubs et il fait peu de doutes qu'il se serait senti chez lui au Rideau Club.

Joseph Pope, un membre du Club, fut celui qui orchestra la venue du duc. Ce bureaucrate bien placé était un serviteur loyal doté d'un véritable esprit pionnier, un des bâtisseurs du Canada et un conseiller auprès de ses plus hauts dirigeants. Originaire de l'Île-du-Prince-Édouard, il s'était installé dans la capitale à l'époque de la Confédération et gravit les échelons grâce à ses aptitudes pour l'organisation et la gestion. À sa retraite en 1926 du poste de sous-secrétaire d'État, sir Joseph avait été membre du Club durant la plus grande partie de sa vie. Il avait

également caractérisé un autre aspect de la vie officielle d'Ottawa : même s'il avait des penchants manifestement tory et avait été secrétaire particulier de sir John A. Macdonald dans sa jeunesse, Pope était l'un des meilleurs amis de sir Wilfrid Laurier. Ce conseiller non partisan connaissait intimement le fonctionnement du gouvernement.

Pope était aussi un fervent catholique romain à l'époque où les divisions sectaires étaient manifestes dans

*Members of the public and Club members standing in front of the old Wellington Street Clubhouse cheering on the Royal Party during the 1901 Royal Tour*

*Le grand public et des membres du Club devant l'ancien Club, rue Wellington, acclamant les visiteurs royaux lors de la tournée de 1901*

and administrative acumen. By the time he retired in 1926 as Under-Secretary of State, Sir Joseph, as he was by then, had been a member of the Club for much of his life. He also characterized another facet of life in official Ottawa. While decidedly Tory in his leanings, having served as Private Secretary to Sir John A. Macdonald in his youth, Pope was counted as one of Sir Wilfrid Laurier's closest friends. He was a non-partisan adviser and a repository of deep knowledge on how government functioned.

Pope was also a devout Roman Catholic in a period when sectarian divisions were a prominent part of Canadian public life. However, like the francophone members of the Club, he was an active participant in its activities.

la vie publique du pays. Toutefois, comme les francophones, il participait avec enthousiasme aux activités du Club. Les aptitudes, le statut et les qualités d'homme du monde d'un membre comptaient davantage que sa religion ou sa langue maternelle.

À titre de grand responsable de la tournée royale, Pope n'eut aucune difficulté à justifier la présence du duc à une réception organisée au Club. Le programme de la tournée à Ottawa prévoyait quelques événements incontournables à Rideau Hall et d'autres engagements moins conventionnels comme le lancer de la première balle à une partie de crosse à l'Ovale de l'université entre les Capitals et les bien nommés Cornwalls.

Le lendemain, samedi, le duc (portant son uniforme officiel d'amiral) et la duchesse se rendirent sur la Colline du Parlement pour présider au dévoilement d'une statue de la reine Victoria devant l'entrée de la Chambre des communes. Escorté par la suite par le premier ministre Laurier et lady Laurier, le couple royal revint sur la rue Wellington et la duchesse se dirigea à Rideau Hall pour

*Lord Minto, Governor General of Canada 1898–1904*

*Lord Minto, gouverneur général du Canada, 1898–1904*

PRESIDENT

LIEUT.-COL. D. T. IRWIN, C.M.G., HON. A.D.C.

COMMITTEE

MR. C. A. ELIOT      MR. A. SIMPSON
MR. J. TRAVERS LEWIS, D.C.L.      MR. A. B. BRODRICK
DR. F. MONTIZAMBERT      MR. J. CHRISTIE

SECRETARY–TREASURER

MR. A. Z. PALMER

## Luncheon

OYSTERS

CONSOMMÉ

SALMON CUTLETS

QUAIL IN ASPIC JELLY

FILLETS OF BEEF

Rideau Club Punch

PARTRIDGE
GOLDEN PLOVER

SALAD

MARASCHINO JELLY
FROZEN PUDDING

FRUIT      COFFEE

*Menu from the 1901
Royal Visit of the Duke of
Cornwall and York*

*Menu du repas servi lors
de la visite royale du
duc de Cornouailles et
d'York en 1901*

Ability, position, and one's qualities as a gentleman were viewed as more significant than where a member worshiped or what his mother tongue was.

As the man in charge of the 1901 Royal Tour, it was not difficult for Pope to make the case for the Duke attending a function at the Club. The Ottawa portion of the tour included a few obligatory events at Rideau Hall and a few less conventional engagements, such as throwing the opening ball at a lacrosse game at the University Oval between the Capitals and aptly named Cornwalls.

prendre part à une réception réservée aux dames tandis que le duc traversa la rue pour participer à un déjeuner au Rideau Club. Le lieutenant-colonel D.T. Irwin, président du Club, accueillit le visiteur royal et le gouverneur général lord Minto.

La planification de la réception en l'honneur du duc avait été confiée à un sous-comité spécial formé six mois avant l'événement qui élabora le menu et décora l'intérieur et l'extérieur du Club avec des banderoles, des drapeaux et des emblèmes pour manifester la ferveur

The following day the Duke and Duchess made their way to Parliament Hill, the Duke in the full dress uniform of an Admiral, to preside over the unveiling of Queen Victoria's statue just outside the entrance to the House of Commons. Escorted afterwards by Prime Minister Laurier and Lady Laurier, the Royal Couple made their way back to Wellington Street where Her Royal Highness headed to a ladies' event at Rideau Hall and the Duke proceeded across the street to a Saturday luncheon at the Rideau Club. Lieutenant-Colonel D.T. Irwin, the Club President, welcomed the Royal visitor and also Lord Minto, the Governor General.

Planning for the Duke's luncheon was in the hands of a special subcommittee convened six months in advance. It was responsible for the menu and decoration of the interior and exterior with bunting, flags, and emblems, all intended to display a heightened patriotic fervor. A six-piece orchestra was engaged to provide musical entertainment. No expense was spared on the meal. While the Dominion government was responsible for most of the Royal Tour expenses, the Rideau Club affair was distinctly private. Those fortunate enough to attend were billed $12.50 *post factum*. (Taking into account inflation, this was the equivalent of $247 in 2014.)

Given that the Club's membership included 226 ordinary and 147 privileged and Parliamentary members and that space was limited to 85 members, besides the Duke's and Governor General's retainers, it was impossible to accommodate all members. A gentlemanly way of selecting attendees was arrived at:

> In consequence of the limited space available for members of the Club that a list be prepared according to seniority of membership and ordinary members be invited to subscribe within a limited time. That a circular be mailed to each ordinary member of the Club asking him to notify the Secretary in writing before the 5th proximo whether he wishes to subscribe and be present.[1]

Many members watched the events on Parliament Hill from the Club's rooftop, a window onto ceremonies there that remains a long-standing tradition. It continues in the present location, especially well situated for fireworks displays and parades.

Although not always renowned for the quality of its food at the time, the Club garnered positive accounts of

patriotique. Le comité engagea un orchestre de six musiciens pour distraire les invités et ne regarda pas à la dépense. Le gouvernement du Dominion assumait la plupart des coûts de la tournée royale, mais le repas offert au Rideau Club était une activité privée et ceux qui eurent la chance d'y participer reçurent par la suite une facture de 12,50 $. (En tenant compte de l'inflation, cette somme équivaut à 247 $ en 2014.)

Le Club comptait à l'époque 226 membres réguliers et 147 membres privilégiés sans compter les parlementaires, mais ne pouvait recevoir que 85 convives outre la suite du duc et celle du gouverneur général. Le comité élabora une méthode digne d'un homme du monde pour sélectionner ceux qui pouvaient assister à la réception :

> Étant donné la quantité limitée de places disponibles pour les membres du Club, on dressera une liste par ordre d'ancienneté. Les membres réguliers disposeront d'une période limitée pour s'inscrire. Une note sera postée à chaque membre régulier du Club l'avisant d'informer le Secrétaire par écrit avant le 5 du mois suivant s'il souhaite s'inscrire sur la liste d'invités et être présent[1].

Un grand nombre de membres s'étaient massés sur le toit du Club pour observer les événements qui se déroulaient sur la Colline du Parlement. Encore aujourd'hui, les membres conservent cette habitude et profitent de l'emplacement exceptionnel du Club pour observer les feux d'artifice et les parades.

Même si à l'époque le Club n'était pas particulièrement renommé pour la qualité de sa cuisine, il reçut des éloges pour le repas de huit services servi à l'occasion de la visite ducale. On peut se demander quels ingrédients entraient dans la composition du « punch Rideau Club » qui figurait en bonne place sur le menu, mais s'agissait probablement d'une boisson alcoolisée puisqu'aucun vin n'était proposé. Au cours de l'année qui suivit sa visite au Canada, le duc, devenu prince de Galles, fut désigné membre honoraire du Club. Le 18 août 1902, sir Arthur Bigge, son secrétaire particulier, écrivit pour confirmer son accord. Cette réponse positive fut le prétexte de célébrations qui reléguèrent au second plan des discussions sur un sujet plus épineux. En effet, on peut lire dans le procès-verbal de la réunion du 29 octobre 1902, au cours de laquelle on annonça l'acceptation du prince de Galles : « [...] il a été résolu de reporter à la prochaine

the eight-course luncheon served on that occasion. One must wonder what ingredients went into the "Rideau Club Punch" so prominently featured on the menu. It was undoubtedly alcoholic, given the absence of wine on the program. In the year following the Duke's visit to Canada, the Prince of Wales, as he was now known, was offered honorary membership in the Club. On August 18, 1902, Sir Arthur Bigge, his Private Secretary, wrote to confirm acceptance. This was a cause for celebration and postponing discussion of a more weighty issue. At the same October 29, 1902, meeting where the Prince of Wales's membership was announced, the Club Minute Book recorded "that it was resolved that the question of the raising of the price of Scotch Whiskey be held over until the next meeting."

The matter of rising liquor costs was a regular topic of discussion of the Club executive, not the least because sales provided a stable source of revenue. It was also a subject near and dear to the heart of many members for whom the Club served as a respectable place to enjoy a civilized drink detached from the perceived vice of Ottawa's beer parlours and public houses and, more importantly, free from the watchful eye of wives in an era when the temperance lobby was gaining great popularity.

Prince Arthur, the Duke of Connaught, also made use of the clubhouse. The youngest son of Queen Victoria, he served as Governor General of Canada from 1911 to 1916. Upon his departure from office in September 1916, the Club put on a farewell dinner. It was a nine-course meal that included turtle soup, an aspic (meat suspended in gelatin), beef Rossini, black duck with Saratoga chips, and baked Alaska pudding. Such elaborate tables were the norm for important Club functions.

The first of the Club's members to rise to the position of Governor General was Lord Minto. Minto, or "Rolly," as he was known to close friends, had been appointed Military Secretary to the Governor General, Lord Lansdowne, in 1884. With the Northwest Rebellion raging, the year 1885 proved an exciting time for him to be in Canada; the event provided ample occasion to travel and get to know the young country. Minto had become a member of the Club under the rule that permitted "Officers in Her Majesty's Army and Navy, and of the active Militia, while on service … [to] be eligible as Privileged members." He would return to Canada in 1898 as Governor General and take up honorary membership in the Club.

réunion le sujet de l'augmentation du prix du scotch ».

L'augmentation du prix de l'alcool faisait régulièrement l'objet de délibérations au sein du comité exécutif, notamment parce que les ventes représentaient une source stable de revenus. Ce sujet préoccupait beaucoup de membres qui considéraient le Club comme un endroit respectable pour prendre un verre à l'écart des *beer parlours* et des pubs perçus comme des lieux de débauche, mais surtout, pour se tenir à l'abri du regard de leurs épouses à une époque où le mouvement pour la tempérance gagnait en popularité.

Le prince Arthur, duc de Connaught et fils benjamin de la reine Victoria, fréquentait lui aussi le Club. En septembre 1916, à la fin de son mandat de cinq ans comme gouverneur général du Canada, le Club organisa un dîner d'adieu en son honneur : un repas de neuf services comprenant un consommé à la tortue, un aspic, du bœuf Rossini, du canard noir accompagné de croustilles Saratoga et une omelette norvégienne. Un menu aussi élaboré était la norme au Club lors des grandes réceptions.

Le premier membre du Club à devenir gouverneur général fut lord Minto, appelé « Rolly » par ses amis. Il avait été nommé secrétaire militaire auprès du gouverneur général, lord Lansdowne, en 1884. La Rébellion du Nord-Ouest en 1885 fut une période exaltante qui lui donna l'occasion de voyager beaucoup pour découvrir le jeune pays. Minto avait été nommé membre du Club en vertu de la règle qui permettait « aux officiers de l'Armée et de la Marine de Sa Majesté, ainsi que de la Milice active d'être éligibles comme membres privilégiés pendant qu'ils sont en service ». Il revint au Canada en 1898 à titre de gouverneur général et accepta le titre de membre honoraire du Club.

Le seul autre membre à avoir fait une transition de ce genre fut Roland Michener, nommé membre privilégié du Club lorsqu'il devint président de la Chambre des communes tout en conservant son adhésion au University Club de Toronto dont il était membre depuis longtemps. Alors que Minto avait quitté le Canada pour devenir vice-roi en Inde, Michener fit le chemin inverse et quitta ce pays après y avoir occupé le poste de haut-commissaire pour s'installer à Rideau Hall. Michener, qui par coïncidence portait lui aussi le surnom de « Rolly », fréquentait assidûment le Club.

La reine Elizabeth II n'a pas encore visité le Club, mais son époux, le duc d'Édimbourg, assista à un dîner en octobre 1998 à l'occasion du Congrès d'étude du

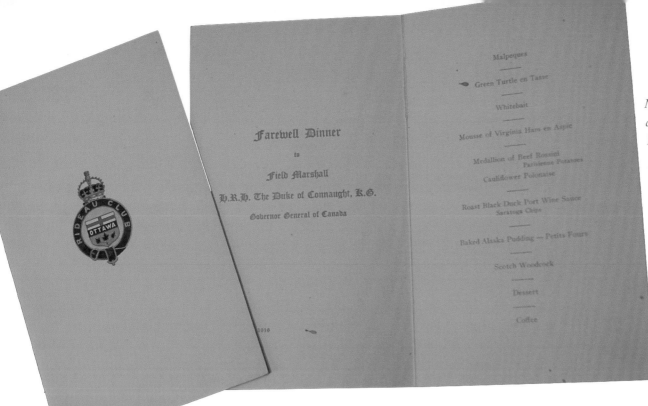

Farewell Dinner
to
Field Marshall
H.R.H. The Duke of Connaught, K.G.
Governor General of Canada

Malpeques

Green Turtle en Tasse

Whitebait

Mousse of Virginia Hare en Aspic

Medallion of Beef Rossini
Parisienne Potatoes
Cauliflower Polonaise

Roast Black Duck Port Wine Sauce
Saratoga Chips

Baked Alaska Pudding — Petits Fours

Scotch Woodcock

Dessert

Coffee

*Menu from the farewell dinner hosted for the Duke of Connaught*

*Menu du dîner d'adieu donné en l'honneur du duc de Connaught*

The only other member to make this kind of transition on becoming Governor General was Roland Michener. He first became a privileged member of the Club as Speaker of the House of Commons, while also maintaining his long-standing membership in the University Club in Toronto. While Minto had left Canada for an appointment in India as Viceroy, Michener left India after having served there as High Commissioner to take up the reins at Rideau Hall. Coincidentally, Michener's nickname was also "Rolly." He made frequent use of the Club.

Although Queen Elizabeth II has not yet visited the Club, Prince Philip, the Duke of Edinburgh, attended a dinner hosted by the Club in October 1998 as part of the Duke of Edinburgh's Commonwealth Study Conference in Ottawa. After being greeted by president John M. Scott, he signed the Club's Register and proceeded into the main dining room for a meal almost as elaborate and sumptuous as those put on for his Royal predecessors.

Commonwealth qu'il a fondé. Après avoir été accueilli par le président John M. Scott, il signa le livre d'or du Club puis se dirigea dans la salle à manger principale pour prendre part à un repas presque aussi élaboré et somptueux que celui organisé en l'honneur de ses prédécesseurs royaux.

## CHAPTER TEN

# BADGES, FORKS, AND TIES:
## *Symbols of the Rideau Club*

---

*"The crest rises from a maple leaf coronet, representing the varied service to Canada by the Club members. The phoenix refers to the ongoing dynamic spirit of the Club rising from the ashes of the fire that destroyed its historic premises across from Parliament Hill."*

— SYMBOLISM OF THE RIDEAU CLUB COAT OF ARMS, CANADIAN HERALDIC AUTHORITY

---

Nearly every private club in the world possesses some sort of badge or coat of arms that symbolizes it as an institution — some of them unofficially adopted, others granted with the sanction of the state. Over the course of the Rideau Club's history, both sorts of symbols have been employed. They have been embossed or printed on paper, painted on fine china, engraved on silver, and woven into silk.

The earliest Club badge appeared on the 1866 *Constitution Rules and Regulations of the Rideau Club*. It consisted of a garter belt bearing the text "Rideau Club" in block letters and the word "Ottawa" in the centre in Old English text with a small flourish of scrollwork above and below "Ottawa." The use of a garter belt and buckle, based on the garter worn by the Knights of the Most Noble Order of the Garter and most prominently found on the Royal Arms of the United Kingdom, was not unusual. It lent an air of authority, it had a formal appearance, and it was easily rendered without expensive engraving or dies. Throughout the Victorian era many different organizations, businesses, and governments throughout the Commonwealth used similar designs. It

# INSIGNE, FOURCHETTES ET CRAVATES :
## *les symboles du Rideau Club*

---

*« Le cimier s'élève au-dessus d'une couronne de feuilles d'érable, représentant les divers services rendus au Canada par les membres du Club. Le phénix reflète le dynamisme intarissable du Club dont la vie a rejailli des cendres d'un incendie qui avait ravagé son siège historique en face de la Colline du Parlement. »*

— SYMBOLISME DES ARMOIRIES DU RIDEAU CLUB, AUTORITÉ HÉRALDIQUE DU CANADA

---

La plupart des clubs privés du monde se sont dotés d'un insigne ou d'armoiries pour symboliser leur statut d'institution. Certains sont non officiels tandis que d'autres ont été sanctionnés par l'État. Au cours de son histoire, le Rideau Club a utilisé ces deux types de symboles. Ils ont été reproduits en relief ou imprimés sur papier, peints sur la porcelaine fine, gravés sur l'argent ou tissés sur la soie.

Le premier sceau du Club apparut en 1866 sur le document *Rules and Constitution of the Rideau Club*. Le sceau est ceint d'une jarretière portant la mention « Rideau Club » en majuscules et arborant en son centre, entre deux volutes, le mot « Ottawa » en caractères gothiques. La jarretière évoquant celle portée par les chevaliers de l'Ordre de la jarretière et celle qui figure sur les armoiries royales du Royaume-Uni n'était pas rare : ce symbole conférait une certaine autorité, et un caractère officiel, et pouvait être reproduit facilement sans encres ni gravures coûteuses. À l'époque victorienne, nombre d'associations, d'entreprises et de gouvernements du

*The first Rideau Club Badge c. 1866*
*Le premier insigne du Club, v. 1866*

*The second Rideau Club Badge c. 1868*
*Le deuxième insigne du Club, v. 1868*

*The first seal used
by the Club*

*Le premier sceau
adopté par le Club*

was the *de rigueur* style of the period for bodies that wished to portray an element of authority and gravity. As with the original Club constitution, the general design was borrowed from Montreal's Club Saint-James.

The second Club badge was almost the same as the first, except that the small flourish of scrollwork above and below "Ottawa" was removed. This badge was placed on letterhead and china, and on the Club's seal.

The third Club badge was adopted in 1909. The Committee Minutes noted: "That the Club seal having worn out and there being no record of it ever having been formally adopted as the Corporate Seal of the Club, it is resolved that the Seal impressed on this next sheet be hereby adopted as the Corporate Seal of the Club.... Carried."[1] Like its predecessor, this badge consisted of a garter with the name of the Club in block letters, surmounted by a Tudor Crown, the centre of the seal defaced with a modified version of the shield of the Province of Ontario, which had the word "Ottawa" added below the Cross of St. George. The addition of the Tudor Crown gave the new badge an increased appearance of importance; it was carved into the marble heraldic lintel that once hung over the front door of the Wellington Street clubhouse. It is now on display just outside the rotunda of the Club.

Commonwealth s'étaient dotés d'emblèmes similaires. C'était en quelque sorte le style de rigueur pour les organismes désireux de se donner une certaine image d'autorité et de sérieux. Comme dans le cas de la constitution originale du Club, ce sceau s'inspire de celui du Club Saint-James de Montréal.

Le deuxième insigne était très semblable au premier, à l'exception des volutes encadrant le mot « Ottawa » qui ont été enlevées. On le reproduisait sur le papier en-tête, la vaisselle de porcelaine et le sceau officiel.

Le Club adopta un troisième insigne en 1909, comme l'indique le procès-verbal du comité : « Puisque le sceau du Club est usé et qu'il n'existe aucune mention qu'il a été adopté officiellement comme sceau social du Club, il est résolu que le Sceau imprimé à la page suivante soit par les présentes adopté comme Sceau Social du Club [...] Adopté[1] ». Comme la version précédente, ce troisième insigne comporte une jarretière et le nom du Club en majuscules, mais il est surmonté de la couronne des Tudor et on a ajouté au centre une version modifiée du blason de la province de l'Ontario auquel on a ajouté le mot « Ottawa » sous la croix de saint Georges. La couronne conférait au nouveau sceau une certaine importance et fut sculptée dans le linteau de marbre surmontant la porte d'entrée du Club sur Wellington (le linteau récupéré des ruines de l'incendie est maintenant exposé près de la rotonde à l'entrée).

Dans les années 1920, le Club adopta un quatrième insigne qui fut reproduit pour la première fois sur la couverture du répertoire des membres. Il est pratiquement identique au troisième, à l'exception du mot « Ottawa » qui a été supprimé et de l'ajout de l'année « 1865 » sur l'extrémité de la jarretière. Cet insigne deviendra un symbole du Club largement utilisé, tandis que le deuxième sert toujours de sceau social.

Même si ces quatre insignes étaient élégants, aucun n'était correct sur le plan héraldique ni légal. Les deux principaux éléments du blason avaient un statut douteux : l'usage de la couronne et celui du blason de la province de l'Ontario n'avaient pas été approuvés par les autorités compétentes.

Randolph Gherson — un membre du Club féru d'histoire, de science héraldique et de symbolique — prit l'initiative d'obtenir des armoiries de l'Autorité héraldique canadienne. À titre de membre du conseil d'administration du Club et de président du comité des événements spéciaux, Gherson travailla en coulisse pour

A fourth Club badge was adopted during the 1920s, when it first appeared on the front of the annual membership roll. It was almost identical to the second badge, but with the word "Ottawa" deleted and the date "1865" added to the loose end of the garter. This would come to be a ubiquitous symbol of the Club, while the second Club badge continues to be used as a corporate seal.

While all four of these badges were attractive, none was heraldically correct or legal. The use of the crown had never been approved by the Sovereign, nor had the use of the shield of the Province of Ontario been officially sanctioned. Thus, the two most significant elements of the badge had doubtful status.

The impetus behind seeking a grant of arms from the Canadian Heraldic Authority originated with Randolph Gherson, who, in addition to being a member of the Club, was also a keen student of history, heraldry, and symbols. As a member of the Club's Board of Directors and chair of the Special Events Committee, Gherson worked behind the scenes to build support for the granting of a coat of arms in advance of the year 2000. After

*The Rideau Club Seal c. 1909. This Corporate Seal continues to be used on official documents.*
*Le sceau du Rideau Club, v. 1909. Ce sceau est toujours appliqué aux documents officiels.*

obtenir la concession d'armoiries avant le deuxième millénaire. Le conseil en discuta au milieu de 1998, puis le Héraut d'armes du Canada, Robert D. Watt, vint expliquer le processus. Selon lui, si le Club agissait sans tarder, des armoiries pouvaient être concédées avant le 1er janvier 2000[2]. Peu après, on constitua un sous-comité spécial chargé de concevoir les armoiries réunissant Pierre Camu, Herb Little et Randolph Gherson.

*Carved marble arms of the Rideau Club salvaged from the Wellington Street Clubhouse (above). The third Rideau Club Badge c. 1909 (left).*

*(à gauche) Le troisième insigne du Club, v. 1909. (ci-dessus) Insigne du Club sculpté dans le linteau en marbre qui surmontait l'entrée du Club sur Wellington.*

## THE RT. HON.
## JULES LÉGER
### *(1913–1980)*

## LE TRÈS HONORABLE
## JULES LÉGER
### *(1913–1980)*

One of the pre-eminent Canadian diplomats of his day, Léger rose through the foreign service and represented Canadian interests in a host of significant diplomatic posts — notably Mexico, Italy, and France. A trusted adviser to Pierre Trudeau, Léger served as Under-Secretary of State and then Ambassador to Belgium. In 1974 he succeeded Roland Michener as Governor General. Throughout his time at Rideau Hall he made many changes and played a significant role in bilingualizing the institution.

Léger fut l'un des grands diplomates canadiens de son époque. Il gravit les échelons au sein du service extérieur et représenta les intérêts des Canadiens au Mexique, en Italie et en France, notamment. Conseiller de confiance de Pierre Trudeau, Léger fut sous-secrétaire d'État puis ambassadeur en Belgique. En 1974, il succéda à Roland Michener au poste de gouverneur général. Au cours de son mandat à Rideau Hall, il apporta de nombreux changements et joua un rôle important pour bilinguiser cette fonction.

*The Rideau Club
Coat of Arms*

*Les armoiries
du Club*

the Board discussed the matter in mid-1998, the Chief Herald of Canada, Robert D. Watt, was brought in to explain the process. He projected that if the Club proceeded without delay, a grant of arms could be prepared for presentation by January 1, 2000.[2] Shortly afterwards a special subcommittee was struck to help develop the coat of arms: Pierre Camu, Herb Little, and Gherson.

After more than a dozen meetings, the subcommittee came up with a proposal in March 2000 that included a coat of arms, badge, and flag. With the Board's sanction, it was then left to heraldic artists and calligraphers to transform informal artwork into a grant of arms from the Canadian Crown recognizing the Club as an historic institution.

The formal proclamation by the Chief Herald occurred at a black tie dinner on September 18, 2000, celebrating the Club's 135th anniversary. The Chief Justice of the Supreme Court of Canada, Beverley McLachlin, and the Club President, Major-General Ernest Creber, unveiled the Letters Patent, and the Club's new flag was raised in the rotunda with more than 200 members and guests in attendance. The event concluded with *O Canada* and a champagne reception, a particularly fitting way for the Club to mark 135 years of history.

The new symbols incorporated a number of elements from the previous badge, notably the inclusion of a crown and maple leaf. The colours taken from the Club necktie were also included. The symbolic narrative provided by the Canadian Heraldic Authority tells the story of the Club.

**Arms:** The blue shield recalls the Rideau River. The gold chevron is a visual metaphor for the club and the shelter found under its roof. The white segment refers to the Rideau Falls: the *rideau blanc*

En mars 2000, après une douzaine de réunions, le sous-comité déposa une proposition pour des armoiries, un insigne et un drapeau qui fut adoptée par le conseil d'administration. Par la suite, on confia à des artistes en héraldique et des calligraphes la tâche de transformer leur croquis en concession d'armoiries de la Couronne canadienne digne du caractère d'institution historique du Club.

La cérémonie de dévoilement par le Héraut d'armes du Canada eut lieu lors d'un dîner de gala tenu le 18 septembre 2000 pour souligner le 135e anniversaire du Rideau Club. La juge en chef de la Cour suprême, la très honorable Beverley McLachlin, et le président du Club, le major général Ernest Creber, proclamèrent les lettres patentes et le nouveau drapeau du Club fut présenté dans la rotonde devant plus de 200 membres et invités. La cérémonie fut conclue par l'hymne national et une réception au champagne, une façon particulièrement appropriée de célébrer.

Les nouveaux symboles incorporaient plusieurs éléments de l'emblème utilisé jusque-là, notamment la couronne et la feuille d'érable, ainsi que

*The fifth and current Rideau
Club Badge c. 2000*

*Le cinquième insigne du Rideau
Club, toujours en usage, v. 2000*

*Chief Justice Beverley McLachlin and Chief Herald
Robert D. Watt unveil the Rideau Club Coat of Arms,
18 September 2000*

*La juge en chef Beverley McLachlin et le héraut d'armes du
Canada Robert D. Watt dévoilent les lettres patentes des
armoiries du Rideau Club, le 18 septembre 2000*

(white curtain), as first described by Samuel de Champlain. The white disc represents a round table, emblematic of the sociability of the Club and the interchange and discussions around tables. The red maple leaf is a symbol of Canada. Inclusion of the Royal Crown recognizes eminent contributions of Club members to the national life of Canada and Canadian society, and the long-standing record of membership by Canada's Governors General.

**Crest:** The crest rises from a maple leaf coronet, representing the varied service to Canada by the Club members. The phoenix refers to the ongoing dynamic spirit of the Club rising from the ashes of the fire that destroyed its historic premises across from Parliament Hill.

**Supporters:** The trillium flowers and lilies on the compartment are emblematic of the two provinces, Canada East and Canada West (now Quebec and Ontario), that were the homes of the majority of the Club's founders. By extension, they celebrate the francophone and anglophone partnership that

les coloris de la cravate du Club. L'explication du symbolisme fournie par l'Autorité héraldique du Canada témoigne de l'histoire du Club Rideau.

**Armoiries :** L'écu bleu rappelle la rivière Rideau, et le chevron doré est une métaphore visuelle du Club et du « refuge » qu'on trouve sous son toit. La bande blanche fait référence aux chutes Rideau : le « rideau blanc », comme les avait décrites Samuel de Champlain. Le disque blanc représente une table ronde, emblématique de la sociabilité qui règne au sein du Club et des échanges et discussions qui ont lieu autour des tables. La feuille d'érable rouge est un symbole du Canada et de sa capitale, où le Club est situé. La Couronne royale rappelle la présence du Club dans la capitale ainsi que son allégeance tout au long de son histoire à la démocratie parlementaire et à la monarchie constitutionnelle. Elle reflète également l'adhésion de longue date des gouverneurs généraux du Canada au Club.

*Chief Justice Beverley McLachlin and Major-General Ernest
Creber unveiling the Club Flag*

*La juge en chef Beverley McLachlin et le major-général
Ernest Creber dévoilent le drapeau du Club*

H.R.H. DUKE of CONNAUGHT.

## HRH THE PRINCE ARTHUR, DUKE OF CONNAUGHT
### *(1850–1942)*

Youngest son of Queen Victoria, Prince Arthur enjoyed a distinguished military career prior to being appointed Governor General of Canada. A highly popular representative of the Crown, the Duke travelled extensively throughout Canada and in the early days of the First World War was a rallying point for patriotic sentiment as he helped jump-start Canada's war effort. The Duke was a regular at Club events and was a "club man" in the Victorian sense of that phrase.

## SAR LE PRINCE ARTHUR, DUC DE CONNAUGHT
### *(1850–1942)*

Le prince Arthur, plus jeune fils de la reine Victoria, mena une brillante carrière militaire avant d'être nommé gouverneur général du Canada. Représentant très populaire de la Couronne, il sillonna le Canada et au début de la Première Guerre mondiale, il raviva le sentiment patriotique des citoyens et donna un bon élan à l'effort de guerre du Canada. Véritable *clubman* au sens victorien du terme, le duc assistait régulièrement aux événements organisés par le Club.

## THE RT. HON. ROLAND MICHENER
### *(1900–1991)*

Michener was the last member of the Club to evacuate the Wellington Street clubhouse during the great fire of 1979. Although a long-standing member of Toronto's University Club, throughout his career he was also a regular fixture at the Rideau Club. A close personal friend of Lester Pearson, Michener served in a variety of elected political offices provincially and federally, finishing his political career as Speaker of the House of Commons. He then entered the diplomatic world as High Commissioner to India, and in 1967 he was appointed Governor General of Canada.

## LE TRÈS HONORABLE ROLAND MICHENER
### *(1900–1991)*

Michener fut le dernier membre à évacuer l'immeuble du Club sur la rue Wellington lorsque le grand incendie de 1979 éclata. Même s'il fut membre du University Club de Toronto durant toute sa carrière, il fréquentait assidûment le Rideau Club. Ami personnel de Lester B. Pearson, Michener fut élu à différents postes aux niveaux provincial et fédéral. À la fin de sa carrière politique, il était président de la Chambre des communes. Par la suite, il intégra le corps diplomatique à titre de haut-commissaire en Inde et fut nommé, en 1967, gouverneur général du Canada.

is an original and enduring feature of the Club. The lion is inspired by the coat of arms used by Sir John A. Macdonald, a co-founder of the Club. The ermine comes from the arms of Sir George-Étienne Cartier, another Club co-founder. Together they symbolize the pre-Confederation partnership of francophones and anglophones in establishing the Club, and its outreach into both communities.

**Motto:** SAVOIR FAIRE • SAVOIR VIVRE (To know how to act right • To know how to live right) is an apt summary of the Club's social philosophy, as a place for members with shared and varied interests to meet for good talk, good food, and good fellowship. Discussions and the exchange of ideas are fostered by this friendly interaction among members, who, through their personal and professional activities, contribute to the well-being of the nation in its capital.[3]

In 1997 the design of the Club tie was revised and a set of three new ties introduced. The original tie, dating back to the late 1930s, was navy blue with the Club badge in gold; the tradition then was that it was presented to newly elected members. In 1998 three new ties were introduced: a tricolour striped tie displaying the Club colours, navy blue, maroon, and gold; a tie in navy blue, and one in maroon and gold (the latter two both with the club badge). Silk square scarves were introduced for ladies with the club badge framed by a striped border of the Club colours. There was much discussion as to whether or not all members should be required to wear the new tie that displayed the new Club badge. It was sensibly agreed that members would be permitted to wear any one of the designs.

**Cimier :** Le cimier s'élève au-dessus d'une couronne de feuilles d'érable, représentant les divers services rendus au Canada par les membres du Club. Le phénix reflète le dynamisme intarissable du Club dont la vie a rejailli des cendres d'un incendie qui avait ravagé son siège historique en face de la Colline du Parlement.

**Supports :** Les fleurs de trille et les lis sur le monticule sont emblématiques des deux provinces du Canada-Est et du Canada-Ouest (Québec et Ontario), d'où provenaient la majorité des fondateurs du Club. Elles sont donc un hommage au partenariat entre francophones et anglophones qui caractérise le Club depuis toujours. Le lion est inspiré des armes utilisées par sir John A. Macdonald, le premier à occuper le poste de Premier ministre du Canada et un des fondateurs du Club en 1865. L'hermine provient des armes de sir George-Étienne Cartier, un autre fondateur du Club. Ces deux figures d'animaux symbolisent le partenariat entre francophones et anglophones d'avant la Confédération, qui a permis l'établissement du Rideau Club et son rayonnement au sein des deux communautés.

**Devise :** SAVOIR FAIRE • SAVOIR VIVRE résume adéquatement la philosophie sociale du Rideau Club : un lieu où des membres partageant divers intérêts se rencontrent pour engager de bonnes conversations, pour bien manger et pour être en agréable compagnie. Cette interaction amicale stimule les discussions et les échanges d'idées entre les membres, dont les activités personnelles et professionnelles contribuent au bien-être du pays, dans sa capitale[3].

Selon la tradition, les nouveaux membres recevaient une cravate à l'image du Club. La première, conçue à la fin des années 1930, était bleu marine et arborait l'insigne du Club en doré. On modernisa ce modèle en 1997 et l'année suivante, on en lança trois autres que les membres pouvaient porter à leur choix : rayée aux couleurs du Club (bleu marine, marron et doré) ou encore unie (en bleu marine, marron ou doré). Ces deux derniers modèles étaient ornés de l'insigne du Club.

Après de nombreuses discussions pour déterminer si les membres devaient être tenus de porter la nouvelle

A decade after the granting of the official Club coat of arms, badge, and flag, two new ties were introduced in 2010. One was navy blue with the Club shield embroidered on it. The other was maroon, displaying three narrow stripes of the Club colours. A badge in the form of a lapel pin was also introduced to recognize past presidents and directors, and outstanding voluntary contributions and service by members to the Club.

cravate arborant l'insigne du Club, il a été convenu qu'ils pouvaient porter l'un ou l'autre des nouveaux modèles.

Deux nouveaux modèles furent lancés en 2010, soit dix ans après la concession des armoiries, drapeau et insigne officiels : une bleu marine portant le blason brodé, la seconde de couleur marron et traversée de trois bandes étroites aux couleurs officielles du Club. Quant aux dames, on leur créa un carré de soie où figure l'insigne du Club encadré d'une bordure rayée aux couleurs officielles. On conçut aussi une épinglette destinée aux anciens présidents et membres du conseil d'administration, ainsi qu'aux membres du Club qui ont fait une contribution remarquable.

| CHAPTER ELEVEN | CHAPITRE ONZE |
|---|---|

# INTO THE TWENTY-FIRST CENTURY:
## *Cell Phones and the CFL*

*"We have steered the Club through a difficult passage imposed upon us by economic and political uncertainties.... I believe that we can nevertheless look forward with certain optimism towards the 150th Anniversary of the Club.... I have no doubt that the Club will be here — twenty years from now."*

— ANTHONY TATTERSFIELD, CLUB PRESIDENT, 130TH ANNUAL GENERAL MEETING, 1995

The early history of the Club is full of intriguing anecdotes about the gradual and often reluctant acceptance of technology. Sadly, no record remains of what members felt about the installation of one of the first telephones in Ottawa in the Wellington Street clubhouse, although they were likely torn between the status symbol of this new device and the vulgar ringing sound it made.

The late 1980s and the 1990s brought a number of technological innovations to the Club. In 1989, for example, after more than two years of discussion, it acquired an espresso machine. The later advent of ubiquitous cell phones required the Executive to remind members that "small cellular pocket phones and other electronic devices are not permitted."[1] A compromise allowed them to bring cell phones into the Club, but they had to be on silent mode, they could not be used in a public area, and they were restricted to the telephone booths provided. Around the same time, billing of members was simplified with Visa and MasterCard. With computerization of the Club's finances, its once archaic system of monthly bills

# LE CLUB AU 21E SIÈCLE :
## *Football et cellulaires*

*« Nous avons dirigé le Club dans une époque difficile dictée par l'incertitude économique et politique [...]. Je crois que nous pouvons tout de même envisager avec un certain optimisme le 150e anniversaire du Club. [...] Je n'ai aucun doute que le Club existera encore dans vingt ans. »*

— ANTHONY TATTERSFIELD, PRÉSIDENT DU CLUB, 130e ASSEMBLÉE GÉNÉRALE ANNUELLE, 1995

Les débuts du Club regorgent d'anecdotes savoureuses sur la résistance à la technologie et son acceptation graduelle. Il ne subsiste malheureusement aucun document qui pourrait expliquer ce que les membres ont pensé à la suite de l'installation rue Wellington de l'un des premiers téléphones à Ottawa. Nous imaginons qu'ils étaient déchirés entre ce symbole de réussite et la sonnerie vulgaire de l'appareil.

De nombreux changements technologiques se produisirent de la fin des années 1980 au début des années 1990. En 1989 par exemple, au terme de deux années de discussions, le Club acquit une cafetière à expresso. L'année suivante, l'omniprésence des téléphones portables obligea le comité exécutif à rappeler aux membres que « les petits téléphones cellulaires de poche et les autres appareils électroniques ne sont pas autorisés[1] ». On parvint à un compromis : ces appareils étaient permis dans le Club à condition d'être réglés au mode silencieux et de ne pas être utilisés dans les aires publiques, mais bien dans les cabines téléphoniques situées dans le Club. À la même époque, on simplifia la facturation des membres en autorisant le paiement par cartes de crédit Visa et MasterCard. Le Club simplifia considérablement sa comptabilité en informatisant son système archaïque de

*Notice prohibiting the use of mobile phones in certain areas of the Club*

*Avis interdisant l'usage des téléphones cellulaires dans certaines zones du Club*

was greatly streamlined. The Club's first website was launched in late 2003. After a high-speed Wi-Fi network was installed several years later, iPads became available in the Reading Room in 2013, and the Billiard Room gained an iMac.

In honour of the Club's 125th anniversary, noted journalist and long-time member Charles Lynch was commissioned to write a new history with a focus on developments since its centennial. Having been a front row witness to many of the changes since 1964, Lynch

facturation mensuelle. Le Club lança son premier site Web à la fin de 2003 et dix ans plus tard, après l'installation d'un réseau sans fil à haute vitesse, on mit des iPad à la disposition des membres dans la salle de lecture et on installa un iMac dans le salon de membres.

Pour souligner son 125e anniversaire, le Club confia à Charles Lynch, journaliste réputé et membre de longue date, la rédaction d'une nouvelle histoire du Club. *Up from the Ashes: The Rideau Club Story* met en évidence les développements survenus depuis son centenaire. Puisqu'il avait été un témoin de premier plan de nombreux changements survenus depuis 1964, Lynch fut tout désigné pour traiter de l'arrivée du Club dans la modernité. On organisa un dîner de gala au Centre des congrès d'Ottawa dont le gouverneur général, Ray Hnatyshyn, fut invité d'honneur.

Les années 1990 furent une période d'incertitude et d'introspection, probablement en raison des interrogations sur l'unité nationale et des problèmes d'ordre économique et financier qui malmenaient le pays. Le Rideau Club ne fut pas le seul à souffrir de cette situation puisque trois autres clubs de la région d'Ottawa fermèrent leurs portes. Au cours des quatre premières

*Club's bar area, 2013*

*Bar du Club, 2013*

## RANDOLPH GHERSON
### *(1928–2014)*

Born in Egypt of British parents, Gherson immigrated to
Canada in 1958 after earning his doctorate at the London
School of Economics and a period as assistant to the
president of the International Wheat Council in London.
Having held a variety of senior positions in the Depart-
ment of Trade and Commerce and the Department of
External Affairs, both in Ottawa and around the world,
Gherson served as Ambassador to the OECD and Ambas-
sador for Fisheries Conservation. As Club historian,
Gherson was instrumental in developing a coat of arms
for the Club, and he did much to preserve and make
known its history.

## RANDOLPH GHERSON
### *(1928–2014)*

Né en Égypte de parents britanniques, Randolph Gherson
obtint un doctorat de la London School of Economics
et occupa le poste d'adjoint du président du Conseil
international du blé à Londres. Il immigra au Canada en
1958 et occupa de nombreux postes de direction au
ministère du Commerce et à celui des Affaires extérieures,
à Ottawa comme à l'étranger. Il fut ambassadeur du
Canada à l'OCDE et ambassadeur pour la conservation
des pêches. À titre d'historien du Club, Gherson joua un
rôle important pour la conception des armoiries ainsi que
pour la préservation et la diffusion de l'histoire du Club.

## JEAN PIGOTT
*(1924–2012)*

Despite myriad achievements in public life, Jean Pigott will always be remembered as the first female member of the Rideau Club. A successful entrepreneur and owner of a family bakery business, Pigott served as a Member of Parliament for the Progressive Conservative Party and went on to become Chair of the National Capital Commission. Her election as a member of the Club occurred just days before the great fire, and it became a bit of Club lore that these two events were directly connected. Viewed as one of the modern founders of the Club, in 2009, on the thirtieth anniversary of her admission, she was presented with a portrait depicting her as Club co-founder Sir John A. Macdonald.

## JEAN PIGOTT
*(1924–2012)*

Malgré toutes ses réussites dans la vie publique, on se souviendra toujours de Jean Pigott comme la première femme à devenir membre du Rideau Club. Entrepreneure prospère et propriétaire de la boulangerie familiale, elle fut députée pour le parti Progressiste-Conservateur et devint présidente de la Commission de la capitale nationale. La légende prétend que son élection à titre de membre du Club n'est pas étrangère au grand incendie survenu à peine quelques jours plus tard… Considérée comme l'une des fondatrices du Club moderne, elle reçut en 2009, 30 ans après être devenue membre, un portrait la représentant sous les traits de sir John A. Macdonald, cofondateur du Club.

was a natural choice to chronicle the Club's march into the modern era with his book *Up from the Ashes: The Rideau Club Story*. A gala black tie dinner was held at the Ottawa Congress Centre with the Governor General, Ray Hnatyshyn, as guest of honour.

The 1990s brought a period of uncertainty and introspection, perhaps tied to the tribulations over national unity and economic and financial problems besetting the country. This situation was not unique to the Rideau Club, as three other Ottawa clubs ultimately folded. In the first four years of the decade, the Rideau Club's membership declined by 25 percent. It was the most precipitous drop since the great fire, which had seen sixty-five members of the club resign. In succession, Presidents John Scott and Tony Tattersfield took on the task of reversing the fall in membership. Some positive developments came out of this, notably an extensive 1993 survey of the membership's desires and views on Club life. Among the changes were a reduced entrance fee for junior members (under age thirty-five) and a lower general

*Rideau Club Wine Label*

*Étiquette d'une bouteille de cuvée Rideau Club*

années de la décennie, le nombre de membres diminua de 25 %, soit la chute la plus marquée depuis le grand incendie lorsque 65 membres avaient quitté le Club. Les présidents John Scott puis Tony Tattersfield entreprirent la tâche de renverser cette tendance, ce qui donna lieu à des initiatives positives, dont un grand sondage mené en 1993 sur les souhaits et opinions des membres. On apporta certaines modifications : des frais d'adhésion réduits pour les membres de moins de 35 ans et une baisse des cotisations annuelles. On misa aussi sur l'amélioration des repas, du service à la salle à manger et de la carte des vins à laquelle on ajouta des crus du Canada, d'Amérique du Sud et d'Australie. D'ailleurs, le Club mit sur pied un programme d'œnologie destiné aux membres et lança ses premières cuvées maison. En 1994, la bouteille de cabernet sauvignon produite par la Lakeview Cellars Estate Winery de l'Ontario fut la première à arborer l'étiquette du Rideau Club représentant une photo de l'édifice de la rue Wellington surmontée du blason du Club.

Le comité « Task Force 150 » fut formé à la même époque sous la direction de Jake Warren, un sous-ministre mieux connu sous le nom de « Monsieur Trade and Commerce » qui avait été haut-commissaire du Canada auprès du Royaume-Uni et, plus tard, ambassadeur aux États-Unis. Le comité de planification stratégique réunissait également Albert Benoit, Meriel Beament Bradford, Colin Deacon, Susan Fawcett, Laurence McArdle et Pat Ryan. Dans l'optique d'assurer la viabilité à long terme du Club, le comité eut la tâche de définir son rôle, d'élaborer un plan d'action et de réviser les politiques et les pratiques en vigueur. Avec du recul, on se rend compte que ce rapport rédigé par Warren ainsi que la mise en place de ses conclusions ont joué un rôle stratégique pour redynamiser le Club alors que des institutions semblables durent fermer leurs portes un peu partout au Canada.

Toujours en 1994, on organisa un déjeuner-causerie avec le photographe de renommée internationale Yousuf Karsh. Cet événement fut le premier d'une série qui réunissait les membres autour d'un bon repas pour entendre leurs confrères ou des citoyens éminents s'exprimer sur une variété de sujets.

Cette formule s'inspirait du groupe la Table Ronde lancé à l'automne 1984 par Denis Coolican, Jack Pickersgill, Bob Stanfield, Ross Tolmie et Paddy Sherman qui réunissait au Club un grand nombre de non-membres. Tous les mercredis à 12 h 30, les membres prenaient

membership fee. Improvements in food service and food quality were another focus. There was a cry for better wines, especially from Canada, South America, and Australia. By 1996 a wine education program for members was established and the first house-labelled wines were offered, appropriately depicting the Club's badge and a photo of the Wellington Street clubhouse. Ontario's Lakeview Cellars Estate Winery produced a 1994 Cabernet Sauvignon that became the first to carry the Rideau Club house label.

Out of this period also came Task Force 150, a strategic planning committee chaired by Jake Warren, who as a deputy minister had been known as "Mr. Trade and Commerce" and had become Canada's High Commissioner to the United Kingdom and later Ambassador to the United States. The other committee members were Albert Benoit, Meriel Beament Bradford, Colin Deacon, Susan Fawcett, Laurence McArdle, and Pat Ryan. With a view to ensuring the Club's long-term viability, the committee was tasked with identifying the Club's role, developing a plan of action, and reviewing present policies and practices. In hindsight, it is clear that the report, written by Warren, and the implementation of its findings were pivotal in revitalizing the Club at a time when similar institutions across Canada were suffering extinction.

Also in 1994, the first speaker's luncheon was held. Renowned photographer Yousuf Karsh inaugurated the series, which brought together members over lunch to hear a notable member or other eminent person offer views on a diverse array of topics.

This format built upon the tradition inaugurated in the fall of 1984 by Denis Coolican, Jack Pickersgill, Bob Stanfield, Ross Tolmie, and Paddy Sherman, who had founded a private Round Table group that met for lunch at the Club and involved many people from outside the Club. Its first full meeting was held on June 5, 1985, with former Clerk of the Privy Council Gordon Robertson serving as its first chairman. Appropriately, the inaugural meeting brought together members to discuss the federal budget with Deputy Minister of Finance Bob Bryce. On Wednesdays at 12:30 p.m., following a short reception, members would take their seats in the Sir Wilfrid Laurier Room for lunch and a presentation by an invited guest. The entire affair would include questions and conclude promptly at 2:00 p.m. Over the years, topics included everything from the development of the

place, après l'apéritif, dans la salle sir Wilfrid Laurier pour assister à un déjeuner-causerie suivi d'une période de questions avec un invité. L'événement terminait ponctuellement à 14 heures. Le 5 juin 1985, Gordon Robertson, l'ancien greffier du Conseil privé, présida la première réunion complète qui réunissait des membres venus discuter du budget fédéral avec le sous-ministre des Finances Bob Bryce. Les conférenciers abordèrent une foule de sujets au fil des ans : le développement d'Internet, les politiques de santé publique, la défense nationale, la prémunition contre le VIH/sida ainsi que les problèmes environnementaux, par exemple.

Ce fut en 1988, lors d'un déjeuner de la Table Ronde, que l'ancien premier ministre Pierre Elliott Trudeau fit la célèbre annonce de son opposition à l'Accord du lac Meech.

Les années 1990 furent particulièrement pénibles pour tous les clubs de la capitale, mais ironiquement la fermeture du Laurentian Club, de l'Ottawa Country Club et du Cercle universitaire contribuèrent à renverser le déclin des adhésions au Rideau Club. Dès ses premières difficultés financières en 1996, la direction du Laurentian Club avait entrepris des négociations en vue de permettre à ses membres d'adhérer au Rideau Club à un tarif préférentiel. Une entente similaire fut conclue avec le Cercle Universitaire. La fermeture de ces deux institutions renommées de la capitale permit au Rideau Club de recruter près d'une centaine de nouveaux membres. L'arrivée des francophones du Cercle incita le Club à redoubler d'efforts pour fournir des services et des documents dans les deux langues officielles en vue de mieux refléter la nature bilingue des activités dans la capitale. Le premier effort concerté pour introduire le bilinguisme au Club débuta en 1998 et quatre ans plus tard, tous les menus et autres imprimés étaient produits en anglais et en français.

Bon nombre de membres du Rideau Club adhéraient également à l'Ottawa Country Club à Aylmer au Québec. Lorsque le Country Club mit fin à ses activités en 1999, plusieurs de ses membres influents proposèrent au Rideau Club de l'acquérir pour en faire un établissement « satellite ». Ses installations extérieures, ses courts de tennis et son emplacement à la campagne auraient pu donner au Club une occasion exceptionnelle d'élargir la clientèle. Toutefois, après une analyse approfondie, la direction conclut que cette acquisition représenterait un fardeau financier pour le Club étant donné la faible possibilité

## THE RT. HON.
## BEVERLEY McLACHLIN
### *(1943–    )*

A native of Alberta, McLachlin taught at the University of British Columbia following a brief period in private practice. Elevated to the British Columbia bench in 1985, she was sworn in as a Pusine Judge of the Supreme Court of Canada in 1989 and became Chief Justice in 2000. The first female and longest-serving Chief Justice, McLachlin is widely respected throughout the Commonwealth for her judicial vision and consensus-building ability.

## LA TRÈS HONORABLE
## BEVERLEY McLACHLIN
### *(1943–    )*

Née en Alberta, McLachlin enseigna à l'Université de Colombie-Britannique après une courte carrière en pratique privée. Elle accéda à la magistrature de la Colombie-Britannique en 1985, fut assermentée comme juge puînée de la Cour suprême du Canada en 1989 et devint juge en chef en 2000. McLachlin — première femme nommée juge en chef et celle qui a occupé le poste le plus longtemps — est respectée partout dans le Commonwealth pour sa vision du droit et sa capacité à créer des consensus.

Internet, health-care policy, and national defence to HIV/AIDS and environmental issues.

It was at one of these Round Table meetings in 1988 that former Prime Minister Trudeau famously announced his opposition to the Meech Lake Accord.

The 1990s were a particularly difficult time for the clubs of Ottawa. However, the closing of the Laurentian Club, the Ottawa Country Club, and Le Cercle Universitaire helped reverse the Rideau Club's membership decline. As the Laurentian Club began to experience financial difficulties, it opened informal discussions in 1996 with the Rideau Club to develop an agreement to allow Laurentian members to transfer over at a preferred rate. A similar arrangement was worked out with Le Cercle Universitaire. The closing of these two well-established Ottawa institutions brought the Club nearly a hundred new members. With the addition of le Cercle Universitaire's francophone members, the Club made a

que le nombre de membres augmente suffisamment pour couvrir les frais.

Le Club entama son troisième siècle d'existence en célébrant en grande pompe le passage au nouveau millénaire, lors des fêtes de fin d'année en 1999. Le champagne coula à flot dans le Club bondé tandis que les fenêtres de la salle à manger offraient une vue imprenable sur les feux d'artifice tirés sur la Colline du Parlement. Le Club entama le 21e siècle avec un regain d'énergie et une mission très claire.

Pour souligner le 25e anniversaire de l'élection de Jean Pigott, première femme membre du Rideau Club, on organisa la soirée Hommage aux membres féminins du Rideau Club, les premières 25 années le 17 avril 2004. Elle fut faite membre honoraire à vie et reçut un portrait amusant la représentant sous les traits de sir John A. Macdonald. La juge en chef de la Cour suprême Beverley McLachlin et l'ancien premier ministre Joe Clark

*Club Room*
*La salle du Club*

renewed effort to provide bilingual services; it printed materials to better reflect the bilingual nature of life in the capital. The first concerted effort to introduce bilingualism into the Club began in 1998, and by 2002 publications and menus were being produced in both official languages.

There was a good deal of shared membership between the Rideau Club and the Ottawa Country Club in Aylmer, Quebec. When the Country Club concluded operations in 1999, a number of influential members proposed that the Rideau Club purchase it as a satellite operation. With its outdoor facilities, tennis courts, and rural setting, it seemed to be an opportunity to expand the Club's traditional market. However, following an extensive study it was found this would likely be a drain on the Club's finances, with only a modest chance that membership would grow to the level required to break even.

With the approach of the new millennium, the Club entered its third century with typical style on New Year's Eve 1999. It was filled beyond capacity, with champagne served and revellers enjoying a superlative view from the dining room of the fireworks display on Parliament Hill. The Club entered the twenty-first century with renewed vigour and direction.

As the Club marked the twenty-fifth anniversary of Jean Pigott as the first woman elected to membership, a Women's Silver Jubilee Gala was held on April 17, 2004. She was made an honorary life member and presented with an amusing portrait depicting her as Sir John A. Macdonald. Supreme Court Chief Justice Beverley McLachlin and former Prime Minister Joe Clark were in attendance. The Royal Canadian Air Farce's Luba Goy provided entertainment and laughter. By that year, the Club had sixty-five female members.

The clubhouse having been *in situ* for nearly two decades in the Metlife Centre (now called the Clarica Centre), the executive began to turn its mind to ensuring that it maintained a fresh, up-to-date appearance. In the fall of 2003 a library rejuvenation project was launched that significantly expanded its collection of books. A small committee of three members — Emmanuel Somers, Margaret Bell, and Randolph Gherson — spearheaded the project. Somers, who chaired the committee, laconically noted that "the Library is not designed as intellectual decoration but rather as an amenity in service of the club members, and the living expression of club life and fellowship."[2]

*Picture of Jean Pigott in the style of Sir John A. Macdonald's portrait*

*Portrait de Jean Pigott sous les traits de sir John A. Macdonald*

*The Rt. Hon. Joe Clark, Jean Pigott, the Rt. Hon. Beverley McLachlin, Meriel M.V. Bradford, and Robert Buchan following the dinner held commemorating the 25th anniversary of women being admitted to the Rideau Club.*

*Le très honorable Joe Clark, Jean Pigott, la très honorable Beverley McLachlin, Meriel V.M. Bradford et Robert Buchan après le dîner soulignant le 25ᵉ anniversaire de l'adhésion des femmes comme membres du Club.*

## THOMAS D'AQUINO
### (1940–    )

One of the key private sector architects of the Canada-U.S. Free Trade Agreement and the North American Free Trade Agreement, d'Aquino was the long-serving CEO and president of the Canadian Council of Chief Executives and its forerunner, the Business Council on National Issues. An entrepreneur and lawyer by training, d'Aquino also served as chair of the National Gallery Foundation of Canada and has been involved in a number of other high-profile philanthropic endeavours. Author of numerous articles and books, d'Aquino speaks frequently on business and trade matters.

## THOMAS D'AQUINO
### (1940–    )

Représentant le secteur privé, Thomas d'Aquino fut l'un des architectes de l'Accord de libre-échange entre le Canada et les États-Unis et de l'Accord de libre-échange nord-américain. Il fut longtemps président-directeur général et président du Conseil canadien des chefs d'entreprise et de son prédécesseur, le Business Council on National Issues. Entrepreneur et avocat de formation, d'Aquino fut également président de la fondation du Musée des beaux-arts du Canada et s'associa à de nombreuses œuvres philanthropiques de premier plan. Thomas d'Aquino est l'auteur de nombreux articles et ouvrages, et donne souvent des conférences concernant les affaires et les enjeux commerciaux.

When the new clubhouse opened in 1985, the Pearson Room began its life as The Grill. Later, the room underwent a complete makeover and was named in honour of the distinguished former Club President, Prime Minister, and Nobel Prize winner, Lester B. Pearson. The room was reopened by Pearson's son Geoffrey and his grandson Michael on September 16, 2004. The effort to revitalize the room was led by Club member Shannon Day Newman. She also obtained the maquette of Pearson's statue that sits on Parliament Hill to adorn the room. Since its relaunch, the Pearson Room has catered to breakfast and luncheon guests and remains a popular meeting place. It is the only dining location within the Club where a member is permitted to have papers or documents — other than the menu — at the table.

To mark the Club's 140th anniversary, in September 2004 a reception and gala was held, with each room of the Club themed in the decor of a different decade. It featured "a special appearance" by members acting in

*Cartoon of Lester B. Pearson donated to the Club by Geoffrey Pearson*

*Caricature de Lester B. Pearson donnée au Club par Geoffrey Pearson*

*Entrance to the Pearson Room, displaying the maquette of Lester B. Pearson*

*Maquette de la statue de Lester B. Pearson à l'entrée du salon qui porte son nom*

140th Anniversary of the Club
140e anniversaire du Club

Interior hallway leading to lounge, bar, and main dining room
Corridor menant au salon, au bar et à la salle à manger principale

*Governor General David Johnston with CFL Commissioner Mark Cohon on October 17, 2012 at the Rideau Club during an event celebrating the 100th Grey Cup game*

*Le gouverneur général David Johnston avec le commissaire de la Ligue canadienne de football Mark Cohon au Rideau Club le octobre 17, 2012 lors d'une réception soulignant le centième championnat de la coupe Grey*

participèrent à la soirée égayée par l'humoriste Luba Goy du célèbre groupe Royal Canadian Air Farce. Cette année-là, le Rideau Club comptait 65 membres de sexe féminin.

Après avoir occupé sa nouvelle maison dans le Metlife Centre (rebaptisé depuis Centre Clarica) pendant près de vingt ans, le Club songea à rafraîchir ses installations. À l'automne 2003, il entreprit de mettre à jour la collection de livres de la bibliothèque sous la direction d'un petit comité réunissant Emmanuel Somers, Margaret Bell et Randolph Gherson. Somers, le président, écrivit laconiquement : « [...] la Bibliothèque n'est pas conçue comme un ornement intellectuel, mais plutôt comme un aménagement au service des membres du Club qui témoigne de l'animation et de la camaraderie qui y règnent[2] ».

La salle à manger baptisée « The Grill » à l'ouverture du Club dans l'édifice Metlife en 1985 fut renommée « salle Lester B. Pearson » en l'honneur de l'ancien premier ministre du Canada, lauréat du prix Nobel et ancien

character as Sir John A. Macdonald, Lady Macdonald, Sir George-Étienne Cartier and Lady Cartier, who promenaded through the clubhouse. The main lounge was prepared with a Victorian menu, the Pearson Room provided guests with fare from the Roaring 20s and the 1930s, the Laurier Room took visitors back to the 1940s and 50s, and the Sir John A. Macdonald Room provided food from the 1960s and 70s. The main dining room was replete with that most timeless of foodstuffs — pastries.

In the field of culinary arts, the Club has not been stagnant. The Rideau Club burger was inaugurated in 2008 and received wide attention in the capital — including full-page coverage in the Ottawa *Citizen*. Club Chef Cory Haskins created the burger along with Rideau Club Roasted Garlic & Herb French Fries, a medley of potatoes, roasted garlic, rosemary, thyme, chives, salt, and grated Parmesan cheese.

Along with various events marking the bicentennial of the War of 1812, the Club also hosted a reception and dinner in honour of the 100th Grey Cup. Thirteen former Canadian Football League players and Governor General David Johnston joined CFL Commissioner Mark Cohon for an occasion that filled the Club to capacity in celebrating this landmark in Canadian sporting history.

président du Club après un réaménagement complet. La cérémonie eut lieu le 16 septembre 2004 en présence de son fils Geoffrey et de son petit-fils Michael. Shannon Day Newman, qui dirigea le projet, avait mis la main sur la maquette de la statue du grand homme qui se trouve sur la Colline du Parlement pour orner l'entrée de la salle. Depuis les travaux, on sert des repas matin et midi dans cette salle populaire auprès des membres. C'est le seul endroit du Club où un membre peut consulter à table des documents autres que le menu.

Une grande réception souligna le 140e anniversaire du Club en septembre 2004. On put apercevoir des membres personnifiant sir John A. Macdonald et lady Macdonald, ainsi que sir George-Étienne Cartier et son épouse déambuler dans les salles qui portaient chacune sur une décennie différente. On servit un menu victorien dans le salon principal et des plats inspirés des années 1920 et 1930 dans la salle Pearson. La salle Laurier transportait les visiteurs dans les années 1940 et 1950, la salle sir John A. Macdonald évoquait les années 1960 et 1970 tandis qu'on a servi dans la salle à manger principale un régal commun à toutes les époques : des pâtisseries.

Le Rideau Club n'était pas demeuré inactif en matière de gastronomie. Le lancement de son célèbre hamburger ne passa pas inaperçu en 2008. Il occupa même une page entière dans le quotidien *Citizen*. La création du chef Cory Haskins était accompagnée de savoureuses frites à l'ail rôti, au romarin, au thym, à la ciboulette, au sel et au parmesan.

Dans le sillage des nombreux événements soulignant le bicentenaire de la Guerre de 1812, le Club organisa aussi une réception et un dîner en l'honneur du centième championnat de la coupe Grey. Treize anciens joueurs de la Ligue canadienne de football ainsi que le gouverneur général David Johnston se joignirent au commissaire de la LCF Mark Cohon lors de cet événement marquant de l'histoire du sport au Canada qui fit salle comble.

*A table setting for the War of 1812 bicentennial dinner*
*Salle à manger prête à recevoir les invités du dîner soulignant le bicentenaire le guerre de 1812*

# CONFIDENTLY INTO THE FUTURE

# VERS L'AVENIR, EN TOUTE CONFIANCE

The often subtle role that the Rideau Club has played in the development of Canada has only been matched by the pre-eminent part played by so many members in politics, the arts, science, commerce, and international relations. The greatest of these was unquestionably the father of the Club, Sir John A. Macdonald, and his able lieutenant, Sir George-Étienne Cartier.

Other members highly accomplished in their respective fields have over the years enhanced the well-being of their fellow citizens in some lasting way. Among them: J.B. Tyrell (geologist and cartographer), Yousuf Karsh (master photographer), Lester B. Pearson (Prime Minister and Nobel Prize winner), Sir Wilfrid Laurier (Prime Minister), Sir Robert Borden (Prime Minister), Jules Léger (diplomat and Governor General), Louis Rasminsky (central banker), Beverley McLachlin (Chief Justice of Canada), Pierre Camu (geographer, professor, and public servant), Jean Pigott (business executive and MP), Mitchell Sharp (public servant and politician), Thomas d'Aquino (long-time head of the Canadian Council of Chief Executives), David Golden (founding president of Telesat Canada, chairman of Carleton University) — and too many others to list individually.

Club life and the Rideau Club especially remain relevant because creating social interactions, meeting in person, and enjoying the company of one's peers are timeless human qualities, ones greatly enhanced by congenial and comfortable surroundings that offer comfort, privacy, and elegance.

The Rideau Club's members now also enjoy the advantage of access to the dining and accommodation facilities of more than 150 affiliated private clubs in more than thirty countries, which can lead to meeting the members of those clubs and striking up exchanges of fellowship. There has also been a push in recent years to encourage more participation by children and teenagers

La présence souvent discrète du Rideau Club dans l'histoire du Canada ne trouve son égal que dans le rôle de premier plan de ses nombreux membres en politique, en arts, en science, en affaires et en relations internationales. Le membre le plus éminent est sans conteste le « père » du Club, sir John A. Macdonald, et son « second », sir George-Étienne Cartier.

D'autres membres éminents dans leurs propres champs d'expertise ont, au fil des ans, amélioré le bien-être de leurs concitoyens de manière durable, notamment les premiers ministres Lester B. Pearson, sir Wilfrid Laurier et sir Robert Borden; le géographe, professeur et haut fonctionnaire Pierre Camu; le président du Conseil canadien des chefs d'entreprise Thomas d'Aquino; le président fondateur de Telesat Canada et président du conseil de l'Université Carleton David Golden; le photographe Yousuf Karsh; le diplomate et gouverneur général Jules Léger; la juge en chef du Canada Beverley McLachlin; la femme d'affaires et députée Jean Pigott; le gouverneur de la Banque du Canada Louis Rasminsky; le politicien et haut fonctionnaire Mitchell Sharp; le géologue et cartographe J.B. Tyrell et d'innombrables autres pour lesquels l'espace manque.

La « vie de club » et le Rideau Club en particulier ont toujours leur place parce que les échanges, les réunions face-à-face ou tout simplement le plaisir de rencontrer ses pairs dans un cadre agréable, élégant, confortable et discret sont des moments inoubliables. Les membres du Rideau Club jouissent maintenant d'accords qui leur permettent de manger et de profiter des installations de 150 clubs privés affiliés dans une trentaine de pays, ce qui peut mener à des rencontres et à des échanges fructueux. On tend aussi depuis quelques années à encourager la participation des jeunes et des adolescents aux activités du Club, notamment lors des cours de bienséance destinés aux enfants des membres.

*Members' Lounge*                                                    *Salon des membres*

in the activities of the Club. This has included "Mind Your Manners" courses for the children of members, which instruct them in setting a table, chair and napkin etiquette, and order of service.

The loss of the historic clubhouse on Wellington Street in the great fire of 1979 was a traumatic event for the Club. However, its rise afterwards and its flourishing in new surroundings proved the durability of its membership and the meaning of club life in an ever- and faster-changing world.

The ethos of greater equality that came with the election of the first members of the Jewish faith followed by the admission of women and the recognition of same-sex relationships has removed the last of the barriers for those men and women of achievement who desire to belong to a unique institution that cuts across all fields.

Looking back through the decades with the benefit of hindsight, it is easy to identify the times of trial and periods of expansion and success. The Club's story and the achievements of its members are the story of Canada's history since Confederation. It is a lively and entertaining window into the makers of the country we have today.

The timeless quality of the Club is not unlike the motto affixed to its coat of arms: *Savoir Faire, Savoir Vivre*. And so, like Canada itself, the Rideau Club looks to the future with confidence, purpose, and pride. The contributions to the collective well-being of Canadians made by its members will continue to ensure a bright and meaningful future for an institution based on fellowship, camaraderie, and social pleasure.

La perte tragique de l'immeuble historique sur Wellington lors de l'incendie de 1979 fut traumatisante. Toutefois, la renaissance et le développement du Club dans un nouvel environnement témoignent de la ténacité de ses membres et de l'importance pour eux de la vie de club dans une société qui change de plus en plus vite.

Le souhait d'égalité du Club qui débuta avec l'élection du premier membre de foi juive et fut suivi de l'intégration des femmes et de la reconnaissance des relations entre personnes du même sexe, a levé les derniers obstacles qui empêchaient les hommes et les femmes d'appartenir à une institution unique qui englobe tous les domaines d'activité.

En pensant aux décennies précédentes, il est facile d'identifier les cycles difficiles et les périodes de développement et de réussite. Tandis que le Club poursuit sa progression, les controverses au sujet du sexe et de la religion de ses membres sont maintenant choses du passé. Son histoire et le succès de ses membres s'inscrivent dans l'histoire du Canada depuis la Confédération. Il nous permet de découvrir sous un jour différent et souvent distrayant ceux qui ont fait le pays tel que nous le connaissons aujourd'hui.

La qualité intemporelle du Club n'est pas étrangère à la devise reproduite sur ses armoiries : Savoir faire, savoir vivre. Ainsi, comme le Canada lui-même, le Rideau Club envisage l'avenir avec confiance, fierté et détermination. Les diverses contributions des membres au bien-être de leurs concitoyens se poursuivront pour assurer un avenir brillant et pertinent à cette institution fondée sur la collégialité, la camaraderie et le plaisir en société.

# APPENDIX ONE

# PRESIDENTS OF THE RIDEAU CLUB

| | |
|---|---|
| 1865–66 | The Right Honourable Sir John Alexander MACDONALD, PC, GCB |
| 1867–68 | Lieutenant-Colonel Hewitt BERNARD, CMG |
| 1869 | Senator The Honourable George William ALLAN, PC |
| 1870–71 | The Right Honourable Sir Richard John CARTWRIGHT, PC, GCMG, MP |
| 1872 | The Honourable Sir Alexander Tilloch GALT, PC, GCMG, MP |
| 1873–78 | Joseph Merrill CURRIER, MP |
| 1879 | Alonzo WRIGHT, MP |
| 1880 | The Honourable James COCKBURN, QC, MP |
| 1881 | Thomas Coltrin KEEFER, CMG |
| 1882–83 | The Honourable Mr. Justice William Alexander HENRY |
| 1884–85 | Sheriff John SWEETLAND |
| 1886 | The Honourable Senator Francis CLEMOW |
| 1887 | John Alexander GEMMILL, QC |
| 1888–90 | Sheriff John SWEETLAND |
| 1891–92 | Helier Vavasour NOEL |
| 1893 | Colonel Walker POWELL |
| 1894–95 | Charles MAGEE |
| 1896–97 | The Honourable Sir George Halsey PERLEY, PC, GCMG, MP |
| 1898–99 | John CHRISTIE, KC |
| 1900–01 | Colonel De la Cherois T. IRWIN, CMG |
| 1902–03 | C. Berkeley POWELL |
| 1904–05 | Dr. Frederick MONTIZAMBERT, CMG, ISO |
| 1906–07 | F.W. AVERY |
| 1908–10 | Travers (John) LEWIS, KC |
| 1911–13 | David M. FINNIE |

# ANNEXE UN

# PRÉSIDENTS DU RIDEAU CLUB

| | |
|---|---|
| 1865–66 | Le très honorable sir John Alexander MACDONALD, CP, GCB |
| 1867–68 | Lieutenant-colonel Hewitt BERNARD, CMG |
| 1869 | L'honorable sénateur George William ALLAN, CP |
| 1870–71 | Le très honorable sir Richard John CARTWRIGHT, CP, GCMG, député |
| 1872 | L'honorable sir Alexander Tilloch GALT, PC, GCMG, député |
| 1873–78 | Joseph Merrill CURRIER, député |
| 1879 | Alonzo WRIGHT, député |
| 1880 | L'honorable James COCKBURN, CR, député |
| 1881 | Thomas Coltrin KEEFER, CMG |
| 1882–83 | L'honorable juge William Alexander HENRY |
| 1884–85 | Shérif John SWEETLAND |
| 1886 | L'honorable sénateur Francis CLEMOW |
| 1887 | John Alexander GEMMILL, CR |
| 1888–90 | Shérif John SWEETLAND |
| 1891–92 | Helier Vavasour NOEL |
| 1893 | Colonel Walker POWELL |
| 1894–95 | Charles MAGEE |
| 1896–97 | L'honorable sir George Halsey PERLEY, CP, GCMG, député |
| 1898–99 | John CHRISTIE, CR |
| 1900–01 | Colonel De la Cherois T. IRWIN, CMG |
| 1902–03 | C. Berkeley POWELL |
| 1904–05 | Dr Frederick MONTIZAMBERT, CMG, ISO |
| 1906–07 | F.W. AVERY |
| 1908–10 | Travers (John) LEWIS, CR |
| 1911–13 | David M. FINNIE |
| 1914–22 | Robert GILL |
| 1923–24 | Le très honorable sir Robert Laird BORDEN, CP, GCMG |

## THE RT. HON.
## SIR ROBERT BORDEN
### *(1854–1937)*

A teacher and later lawyer by training, Borden left his native Halifax to rebuild the Tories during the zenith of Laurier's Liberal Party. The second Prime Minister to serve as Club President, Borden was a regular at the Rideau Club during Parliamentary sessions and in retirement became a fixture during the cooler months when he was not able to golf. A successful wartime leader and the man who helped Canada achieve effective independence from Britain, Borden led Canada through a period of great difficulty and tension. He served as Chancellor of McGill University and later of Queen's University.

## LE TRÈS HONORABLE
## SIR ROBERT BORDEN
### *(1854–1937)*

Borden fut formé comme enseignant puis avocat avant de quitter Halifax où il naquit pour œuvrer à la reconstruction du parti Conservateur lors des belles années du parti Libéral de Laurier. Borden, le deuxième premier ministre à devenir président du Rideau Club, fréquentait souvent le Club lorsqu'il siégeait au Parlement et même à la retraite, particulièrement lorsque le temps froid l'empêchait de jouer au golf. Cet homme qui fut un chef influent en temps de guerre et aida le Canada à s'affranchir de la Grande-Bretagne dirigea le Canada lors d'une période de grandes difficultés et tensions. Il fut également chancelier des universités McGill et Queen's.

| | | | |
|---|---|---|---|
| 1914–22 | Robert GILL | 1925–29 | J.A. JACKSON |
| 1923–24 | The Right Honourable Sir Robert Laird BORDEN, PC, GCMG | 1930–31 | Colonel Cameron MacPherson EDWARDS, DSO, VD, CD |
| 1925–29 | J.A. JACKSON | 1932–34 | Hamnett P. HILL, CR |
| 1930–31 | Colonel Cameron MacPherson EDWARDS, DSO, VD, CD | 1935–36 | Charles G. COWAN |
| 1932–34 | Hamnett P. HILL, KC | 1937–38 | Colonel Henry Campbell OSBORNE, CMG, CBE, VD |
| 1935–36 | Charles G. COWAN | 1939–41 | Oliver Mowat BIGGER, CMG |
| 1937–38 | Colonel Henry Campbell OSBORNE, CMG, CBE, VD | 1942–45 | L'honorable Frederic Erskine BRONSON, CP |
| 1939–41 | Oliver Mowat BIGGER, CMG | 1946 | Kenneth A. GREENE, OBE |
| 1942–45 | The Honourable Frederic Erskine BRONSON, PC | 1947–48 | Duncan K. MACTAVISH, OBE, CR |
| 1946 | Kenneth A. GREENE, OBE | 1949–50 | John A. AYLEN, CR |
| 1947–48 | Duncan K. MacTAVISH, OBE, QC | 1951–52 | Barry GERMAN |
| 1949–50 | John A. AYLEN, QC | 1953–54 | L'honorable James Duncan HYNDMAN, CBE |
| 1951–52 | Barry GERMAN | 1955–56 | Chalmers Jack MACKENZIE, CC, CMG, MC |
| 1953–54 | The Honourable James Duncan HYNDMAN, CBE | 1957–59 | Ascanio-J. MAJOR |
| 1955–56 | Chalmers Jack MACKENZIE, CC, CMG, MC | 1960–62 | Vice-amiral Harold Taylor GRANT, CBE, DSO, CD, RCN |
| 1957–59 | Ascanio-J. MAJOR | 1962–63 | L'honorable juge Douglas Charles ABBOTT, CP |
| 1960–62 | Vice-Admiral Harold Taylor GRANT, CBE, DSO, CD, RCN | 1965–67 | Charles G. GALE |
| 1962–63 | The Honourable Mr. Justice Douglas Charles ABBOTT, PC | 1967 | Adam Hartley ZIMMERMAN, OBE, SM |
| 1965–67 | Charles G. GALE | 1968–69 | L'honorable juge Douglas Charles ABBOTT, CP |
| 1967 | Adam Hartley ZIMMERMAN, OBE, SM | 1969–70 | A. Davidson DUNTON, CC |
| 1968–69 | The Honourable Mr. Justice Douglas Charles ABBOTT, PC | 1970–72 | Le très honorable Lester B. PEARSON, CP, OM, CC, OBE |
| 1969–70 | A. Davidson DUNTON, CC | 1972–73 | Cuthbert SCOTT, CR |
| 1970–72 | The Right Honourable Lester B. PEARSON, PC, OM, CC, OBE | 1974–75 | Ernest D. LAFFERTY |
| 1972–73 | Cuthbert SCOTT, QC | 1976–77 | Stewart F.M. WOTHERSPOON, CR |
| 1974–75 | Ernest D. LAFFERTY | 1978–89 | James ROSS |
| 1976–77 | Stewart F.M. WOTHERSPOON, QC | 1980–81 | Guy ROBERGE, CR |
| 1978–89 | James ROSS | 1982–83 | Denis M. COOLICAN |
| 1980–81 | Guy ROBERGE, QC | 1984–85 | Angus C. MORRISON |
| 1982–83 | Denis M. COOLICAN | 1986 | Maréchal de l'Air Hugh CAMPBELL, CBE, CD |
| 1984–85 | Angus C. MORRISON | 1987–88 | William H. McMILLAN |
| 1986 | Air Marshal Hugh CAMPBELL, CBE, CD | 1988–89 | David W. SCOTT, OC, CR |
| 1987–88 | William H. McMILLAN | 1989–90 | L'honorable John J. URIE, CR |
| 1988–89 | David W. SCOTT, OC, QC | 1991–92 | L'honorable Michael L. PHELAN |
| 1989–90 | The Hon. John J. URIE, QC | 1993–94 | Anthony M.P. TATTERSFIELD |
| 1991–92 | Michael L. PHELAN | 1995–96 | M. Patrick GILLIN |
| 1993–94 | Anthony M.P. TATTERSFIELD | 1997–98 | John M. SCOTT |

## THE RT. HON.
## LESTER B. PEARSON
### (1897–1972)

Professor, historian, civil servant, diplomat, and Prime
Minister, Pearson was the third Club President to have
served in the nation's highest elected office. One of the
first members of the Department of External Affairs and
the embryonic Canadian diplomatic corps, Pearson would
win the Nobel Peace Price in 1957 for his efforts in quell-
ing the Suez Crisis. Made his party's leader after the end
of an unprecedented twenty-one-year period of uninter-
rupted Liberal Party rule, he focused much of his effort
on rebuilding and rebranding the Grits. As Prime Minister he oversaw the adoption of the maple leaf flag,
medicare, and the Auto Pact. He also led the groundwork
for the implementation of official bilingualism. Pearson's
presidency of the Club came at a time when the Club's
status as unofficial clubhouse of official Ottawa was at
a high point.

## LE TRÈS HONORABLE
## LESTER B. PEARSON
### (1897–1972)

Professeur, historien, fonctionnaire, diplomate et premier
ministre, Pearson fut le troisième président du Club à
avoir dirigé les destinées du pays. Il fut l'un des premiers
membres du ministère des Affaires extérieures et du corps
diplomatique canadien, et remporta en 1957 le prix
Nobel de la paix en reconnaissance de son rôle pour
dénouer la crise du canal de Suez. Après les élections de
1963, il consacra une grande partie de ses efforts à rebâtir
le parti Libéral, défait en 1957 après un règne ininter-
rompu de 21 ans. À titre de premier ministre, il fut à la
tête de l'adoption du drapeau unifolié, de l'universalité
des soins de santé et du Pacte de l'auto. Il jeta aussi les
bases de la mise en place du bilinguisme officiel au pays.
Pearson présida le Club dans les belles années où il était
le lieu de rencontre officieux du Tout-Ottawa officiel.

| | |
|---|---|
| 1995–96 | M. Patrick GILLIN |
| 1997–98 | John M. SCOTT |
| 1999–2000 | Major-General Ernest B. CREBER, CMM, CD |
| 2001–02 | Michael BAYLIN |
| 2003–04 | Robert. J. BUCHAN |
| 2005–07 | Meriel V.M. BEAMENT BRADFORD |
| 2007–09 | Paul LABBÉ |
| 2009–11 | Peter B.M. HYDE |
| 2011–13 | Nikita James NANOS |
| 2013–15 | Norman SABOURIN |

| | |
|---|---|
| 1999–2000 | Major-général Ernest B. CREBER, CMM, CD |
| 2001–02 | Michael BAYLIN |
| 2003–04 | Robert. J. BUCHAN |
| 2005–07 | Meriel V.M. BEAMENT BRADFORD |
| 2007–09 | Paul LABBÉ |
| 2009–11 | Peter B.M. HYDE |
| 2011–13 | Nikita James NANOS |
| 2013–15 | Norman SABOURIN |

# SECRETARIES, CLUB MANAGERS, AND GENERAL MANAGERS

The position of Secretary was periodically styled as Secretary-Treasurer of the Rideau Club. Since 1959 the Secretary has also been styled as Club Manager, and since the tenure of Alphonse Hofer as General Manager.

## SECRETARY

| | |
|---|---|
| 1865–74 | Robert SINCLAIR |
| 1874–75 | John TILTON |
| 1876–77 | Henry R. SMITH |
| 1877–85 | John MAKINSON |
| 1885–1900 | Edward W. WALDO |
| 1900–12 | A.Z. PALMER |
| 1912–16 | E.B. JOHNSON |
| 1916–18 | W.E. STITT |
| 1918–58 | J.G. BRANDSTETTER |
| 1958–64 | C.E. FAIRWEATHER* |
| 1964–77 | Major W.E. MILNER* |
| 1977–78 | Robert MELDRUM* |

## GENERAL MANAGER

| | |
|---|---|
| 1946–47 | Colonel Henry WILLIS-O'CONNOR, CVO, CBE, DSO |
| 1947–59 | Brigadier Arthur Royal MORTIMORE, CBE, CD |

## GENERAL MANAGER AND SECRETARY

| | |
|---|---|
| 1978–92 | Alphonse R. HOFER |
| 1992–97 | Fred REIMER |
| 1998 | Peter HOWARD |
| 1998–present | Robert J. LAMS |

*Also served as Club Manager.

# SECRÉTAIRES ET DIRECTEURS DU RIDEAU CLUB

Le poste de secrétaire du Rideau Club a été baptisé périodiquement « secrétaire-trésorier » puis, en 1959, « directeur du Club » et, depuis le mandat d'Alphonse Hofer, « directeur général ».

## SECRÉTAIRES

| | |
|---|---|
| 1865–74 | Robert SINCLAIR |
| 1874–75 | John TILTON |
| 1876–77 | Henry R. SMITH |
| 1877–85 | John MAKINSON |
| 1885–1900 | Edward W. WALDO |
| 1900–12 | A.Z. PALMER |
| 1912–16 | E.B. JOHNSON |
| 1916–18 | W.E. STITT |
| 1918–58 | J.G. BRANDSTETTER |
| 1958–64 | C.E. FAIRWEATHER* |
| 1964–77 | Major W.E. MILNER* |
| 1977–78 | Robert MELDRUM* |

## DIRECTEURS GÉNÉRAUX

| | |
|---|---|
| 1946–47 | Colonel Henry WILLIS-O'CONNOR, CVO, CBE, DSO |
| 1947–59 | Brigadier Arthur Royal MORTIMORE, CBE, CD |

## DIRECTEURS GÉNÉRAUX ET SECRÉTAIRES

| | |
|---|---|
| 1978–92 | Alphonse R. HOFER |
| 1992–97 | Fred REIMER |
| 1998 | Peter HOWARD |
| depuis 1998 | Robert J. LAMS |

*Occupaient également la fonction de directeur du Club

# CONSTITUTION RULES AND REGULATIONS OF THE RIDEAU CLUB, 1865
## *(No Dogs Allowed)*

Editorial Note: The text below remains true to the original spellings.

**Adopted 29 August 1865**

ART 1. This Association shall be known as the RIDEAU CLUB of Ottawa.

ART 2. Politics and religious questions of every description shall be absolutely excluded from the objects of the Club.

ART 3. Each candidate for admission shall be proposed by one member and seconded by another, by a proposal in writing, to be inserted in the book of Candidates, and signed by both mover and seconder, and shall be balloted for at a ballot which may take place after the name of the Candidate and his proposer and seconder have been posted in the Coffee Room, under the hand of the Secretary, and notice of intended ballot mailed to each member not resident and not represented by proxy in Ottawa, at least ten days immediately before the day of ballot. No ballots shall be valid unless twenty-one members actually ballot, and members may ballot by proxy, which proxy shall be filed with the Secretary, and one black ball in seven shall exclude.

ART 4. The ballot shall take place between the hours of Ten A.M., and Six P.M., on the expiration of the ten days mentioned in the preceding article; such ballot to be continued daily until twenty-one members shall have voted. But no such ballot shall be closed before six o'clock on the day on which the twenty-first ball shall have been thrown.

ART 5. On the admission of each new member, the Secretary shall notify the same to him and furnish him with a printed copy of the Constitution and Regulations, and request him to remit the amount of his subscription to the Treasurer.

# CONSTITUTION DU RIDEAU CLUB, 1865
## *(Chiens interdits)*

Note : La traduction respecte le style ancien de la version originale anglaise.

**Adoptée le 29 août 1865**

ARTICLE 1. Cette Association sera désignée sous le nom de RIDEAU CLUB d'Ottawa.

ARTICLE 2. Les sujets d'ordre politique ou religieux de tout genre sont strictement exclus des buts du Club.

ARTICLE 3. Chaque candidat doit être proposé par un membre et appuyé par un second, sur une note écrite insérée dans le livre des candidats et signée par le proposeur et le second proposeur. L'élection peut avoir lieu après que le nom du Candidat et ses proposeur et appuyeur ont été affichés dans la Salle de café, sous la signature du Secrétaire. L'avis d'élection sera posté au moins dix jours avant le jour du vote à chaque membre qui ne réside pas à Ottawa et n'est pas représenté par procuration. Aucun bulletin ne sera valable à moins que vingt-et-un membres votent. Les membres peuvent voter par procuration, procuration qui doit être déposée au Secrétaire, et un vote négatif pour sept votes positifs entraînera l'exclusion.

ARTICLE 4. Le vote se déroulera entre Dix heures et Dix-huit heures à l'expiration de la période de dix jours mentionnée à l'article précédent et se poursuivra chaque jour jusqu'à ce que vingt-et-un membres aient voté. Toutefois, un tel vote ne sera pas clos avant dix-huit heures le jour où la vingt-et-unième boule aura été jetée.

ARTICLE 5. Le Secrétaire informera chaque nouveau membre de son admission, lui fournira une copie imprimée de la Constitution et des Règlements et lui demandera de payer le montant de sa cotisation au Trésorier.

ARTICLE 6. Le droit d'entrée est de Quatre-vingts Dollars et la cotisation annuelle est de Vingt Dollars, cette dernière payable à l'avance le 1er janvier de chaque année. De plus, un montant proportionnel à la durée de la cotisation au cours

ART 6. The entrance fee shall be Eighty Dollars, and the annual subscription Twenty Dollars. The latter to be payable in advance on the first of January in each year. And a proportional part of the annual subscription shall be payable for the fractional part of the year of entrance.

ART 7. No member shall be admitted to vote, on any occasion whatever, or enjoy any of the privileges of the Club, until he shall have paid whatever entrance fee or subscription shall be due by him.

ART 8. Any member failing to pay his entrance fee or subscription within six weeks after his admission, if he reside in Canada, or not farther south on the Continent of America than the 48th degree of north latitude; or within three months, if he reside elsewhere on the Continent of America, or on the Continent of Europe; or within six months, if he reside in any other quarter of the world, — the Secretary shall report accordingly to the Committee, who shall cause his name to be erased from the list of members, unless, the delay can be justified to the satisfaction of the Committee.

ART 9. The name of every member failing the pay his annual subscription on the 1st of January, shall be exhibited in the Coffee Room on the 1st of February, if not then paid; and if the subscription be not paid on or before the 1st day of March following, the Secretary shall report accordingly to the Committee, who shall cause his name to be erased from the list of members; but he may be re-admitted by the Committee, upon assigning to them reasons which they shall consider satisfactory for his failure of payment.

ART 10. All entrance fees and annual subscriptions shall be paid to the Treasurer.

ART 11. Any ordinary or privileged member, so long as the cause of the privilege exists, who shall remove his residence to a greater distance than 60 miles from Ottawa (all his subscription then due being paid), may give notice to the Secretary of such removal, and of his intention not to make use of the Club thenceforward; and such Member shall cease to be liable to pay the yearly subscription of $20, so long as he shall continue to reside at such a distance from Ottawa; such member shall at any time have the right of again using the Club by notifying his intention to do so, and paying the subscription for the then current year. But if any member so removing his residence from Ottawa, and taking advantage of this rule, shall again return to reside in Ottawa, or nearer than sixty miles therefrom, he shall, within one month from such return, notify the Secretary thereof, and pay the subscription for the then current year; and failing so to do, his name shall be struck from the roll of members, unless some good excuse be offered to the Committee on account for his neglect.

de l'année d'admission sera payable en guise de cotisation annuelle.

ARTICLE 7. Aucun membre n'aura le droit de voter, à quelque occasion que ce soit, ni de jouir d'aucun privilège du Club à moins d'avoir payé le droit d'entrée ou la cotisation qu'il doit.

ARTICLE 8. Tout membre qui n'aura pas payé son droit d'entrée ou sa cotisation annuelle dans les six semaines suivant son admission, s'il réside au Canada ou au plus loin au 48e degré de latitude nord sur le Continent d'Amérique; ou dans les trois mois s'il habite ailleurs sur le Continent d'Amérique ou sur le Continent d'Europe; ou dans les six mois s'il habite dans toute autre région du monde, le Secrétaire en fera rapport au Comité qui fera effacer son nom de la liste des membres, à moins que le retard puisse être justifié à la satisfaction du Comité.

ARTICLE 9. Le nom de tout membre qui n'aura pas payé sa cotisation annuelle le 1er janvier sera exposé dans la Salle de café le 1er février; et si la cotisation annuelle n'est pas payée au plus tard le 1er mars suivant, le Secrétaire en fera rapport aux membres du Comité qui feront rayer son nom de la liste de membres, mais il pourra être réadmis par les membres du Comité s'il leur donne des motifs valables expliquant pourquoi il n'a pas payé.

ARTICLE 10. Tous les droits d'entrée et les cotisations annuelles doivent être payés au Trésorier.

ARTICLE 11. Tout membre régulier ou tout membre privilégié, à condition que la cause de privilège existe, qui déplace sa résidence à plus de 60 milles d'Ottawa (et qui a payé tous les frais dus), peut informer le Secrétaire de ce déménagement et de son intention de ne plus fréquenter le Club. Ledit Membre ne sera plus tenu de payer la cotisation annuelle de 20 $ aussi longtemps qu'il réside à une telle distance d'Ottawa. Ledit membre aura à tout moment le droit de recommencer à utiliser les installations du Club en informant le Club et en payant la cotisation pour l'année en cours. Toutefois, si un membre qui ne réside plus à Ottawa et se prévaut de cette règle revient vivre à Ottawa ou dans un rayon de 60 milles, il doit, moins d'un mois après un tel retour, aviser le Secrétaire et payer la cotisation pour l'année en cours, faute de quoi son nom sera rayé de la liste de membres à moins qu'il offre un motif valable au Comité pour sa négligence.

ARTICLE 12. Les officiers de l'armée et de la marine de Sa Majesté, ainsi que les titulaires de nominations militaires et civiles en vertu du Gouvernement Impérial qui pourraient être stationnés au Canada pour une période indéterminée et qui pourraient perdre leur poste dans des circonstances indépendantes de leur volonté, ainsi que les membres du clergé, seront éligibles comme membres sans avoir à verser de droits d'entrée, mais doivent payer une cotisation annuelle

ART 12. Officers in Her Majesty's army and Navy, and person holding military and civil appointments under the Imperial Government, who may be stationed in Canada for an indefinite period, and subject to be terminated by the occurrence of circumstances beyond their control, and clergymen, shall be eligible for election as members, without payment of entrance fee, but subject to the payment of an annual subscription of $20, or a semi-annual subscription of $10; Provided always, that any such officer shall have the privileged of using the Club for the term of 30 days, upon payment of $5, if he has left Ottawa or is quartered in any other part of British North America, and provided also that officers in Her Majesty's army and navy and that persons not resident in Canada, may be introduced by two of the Executive Committee as Honorary Members and be thereupon entitled to al the rights of Privileged Members for a period not exceeding ten days; but any such Honorary Members shall not be eligible at the expiration of that period to again be placed on the list of honorary members until after an interval of three months, the names of such honorary members to be posted in the Coffee Room and number of such admissions at any one time to be decided by the Committee.

ART 13. The members mentioned in the preceding rule shall be styled as privileged members, and, as such, shall enjoy all the rights of ordinary members but that of voting and being elected members of the Committee.

ART 14. Every candidate proposed as a privileged member, shall be stated to be so on the list of candidates for election, which is posted in the Coffee Room; no candidate to be a privileged member shall be placed on the said list, unless with the consent of the Committee previous to the posting. Any stranger *not a resident of the Province*, upon the introduction of the member, and the unanimous sanction of the Committee at any General or Special Meeting, may be admitted to all the privileges of the club upon payment of an entrance fee of $10 for any period under one month, $20 for any period over one month and not exceeding three months, and $30 in all if he continue for the whole year.

ART 15. Any member shall have the privileged of introducing a friend to breakfast, lunch, or dine in the Stranger's Room, at his sole expense; and no stranger shall be admitted at any time, except to the Stranger's Room, Smoking Room and Drawing Room, unless to view the house, and then accompanied by a member; Provided always, that any stranger dining with a member may be introduced by him to the Billiard-Room, and be permitted to play at the tables on the day he shall dined with such member or after six o'clock P.M., on that day, and provided that no stranger shall at any time be admitted to the Card Room.

de 20 $ ou une cotisation semi-annuelle de 10 $. Un tel officier aura le privilège de fréquenter le Club pendant 30 jours moyennant un paiement de 5 $ s'il a quitté Ottawa ou est cantonné dans une autre région de l'Amérique du Nord britannique, à la condition également que les officiers de l'armée et de la marine de Sa Majesté et que les personnes qui ne résident pas au Canada soient introduites par deux membres du Comité exécutif à titre de Membres Honoraires et auront par la présente droit à tous les droits des Membres Privilégiés pour une durée qui n'excédera pas dix jours. Toutefois, un tel Membre Honoraire ne pourra pas à l'expiration de cette période être à nouveau nommé sur la liste des membres honoraires avant une période de trois mois. Les noms de ces membres honoraires seront affichés dans la Salle de café et le nombre de telles admissions sera en tout temps déterminé par le Comité.

ARTICLE 13. Les membres mentionnés à l'article précédent seront considérés comme membres privilégiés et, à ce titre, jouiront des mêmes droits que les membres réguliers à l'exception du droit de vote et de celui d'être élus membres du Comité.

ARTICLE 14. Chaque candidat proposé comme membre privilégié sera mentionné comme tel sur la liste des candidats à l'élection qui est affichée dans la Salle de café. Aucun candidat au titre de membre privilégié ne figurera sur une telle liste, à moins d'une autorisation préalable du Comité avant l'affichage. Lors de la présentation du membre et à la sanction unanime du Comité lors d'une Réunion Générale ou Spéciale, tout étranger qui ne réside pas dans la Province peut être admissible à tous les privilèges du Club moyennant le paiement d'un frais d'adhésion de 10 $ pour toute période inférieure à un mois, de 20 $ pour toute période de plus d'un mois, mais de moins de trois mois, et de 30 $ en tout s'il continue pendant toute l'année.

ARTICLE 15. Tout membre aura le privilège d'amener un ami au petit-déjeuner, au déjeuner ou au dîner dans la Salle des étrangers, à ses frais uniquement. Aucun étranger ne sera admis en aucun temps, sauf dans la Salle des étrangers, dans le Fumoir et dans le Salon, à moins de visiter les lieux, auquel cas il sera accompagné par un membre. Tout étranger qui dîne en compagnie d'un membre peut être amené par ce dernier dans la Salle de billard et pourra jouer le jour où il doit dîner avec ledit membre, ou il pourra se présenter après 18 heures ce jour-là. Un étranger ne pourra en aucun temps être admis dans la Salle de cartes.

ARTICLE 16. Tout membre qui paie les sommes qu'il doit pourra à son gré quitter le Club en envoyant une demande écrite à cet effet au Comité avant la première réunion annuelle fixe du Club qui a lieu le premier mercredi de mars.

ART 16. Any member whose dues are all paid, shall be at liberty to withdraw from the Club, on his written application to that effect, sent in to the Committee before the first stated annual meeting of the Club, to be held on the first Wednesday in March.

ART 17. In case of conduct of any member, either in or out of the Club, shall in the opinion of the Committee or of any member of the Club, who shall certify the same to them in writing, be injurious to the character and interest of the Club, the Committee shall be empowered to recommend such member to resign; and if the member so recommended shall not resign, the Committee shall, within one month from the delivery of the letter of such recommendation, be required to summon a General Meeting of the Club, by the decision of two-thirds of which meeting his name may be erased from the list of members; and any person whose name is so erased, shall, *ipse facto*, cease to be a member of the Club: Provided no such recommendation be sent to any member unless the resolution to send the same shall have been agreed to by two-thirds of the Committee actually present, all of whom to have been specially summoned for the purpose.

ART 18. Any member who shall withdraw, resign, or be expelled, shall cease to be a member of the Club, and shall forfeit, *ipse facto*, all right or claim thereon, or in or to its property of funds; any member who shall be expelled shall forever thereafter be ineligible to be readmitted a member of the Club.

ART 19. All the concerns of the Club shall be managed by a Committee, to consist of twenty-one members, seven of whom shall be elected annually by ballot, at the General Meeting of the Club, which shall be held on the first Wednesday of March in each year, from whom an Executive Committee of seven shall be chosen to serve for one year, and to that end the said Committee shall have full power to make such Rules and Regulations from time to time as they may think fit, not inconsistent with the Constitution.

ART 20. Of the fourteen old members who shall continue in office seven shall go out in the next year, and the remaining seven in the year after, so that no member shall remain more than three years on the Committee without re-election; the members so to retire yearly, to be selected by the Committee at some meeting previous to the date of election.

ART 21. If any member elected to serve on the Committee should resign, or should a death vacancy occur, the Committee shall have power to choose a qualified member to act in his stead, until the annual meeting next ensuing, when the member so chosen shall retire, but shall be eligible for re-election.

ART 22. The Executive Committee, Three of whom shall form a quorum, shall meet each Wednesday at four o'clock, to transact current business.

ARTICLE 17. Dans le cas où un membre, à l'intérieur ou à l'extérieur du Club, se comporte de façon injurieuse à l'égard du caractère et des intérêts du Club, à l'opinion du Comité ou de tout membre du Club qui pourra le certifier par écrit, le Comité aura le pouvoir de recommander audit membre de quitter le Club. Si le membre ne se conforme pas à cette demande, le Comité devra, dans le premier mois suivant la livraison d'une lettre à cet effet, convoquer une Assemblée Générale du Club. Toutefois, à la décision des deux tiers des participants de cette assemblée, son nom pourrait être rayé de la liste de membres. De plus, toute personne dont le nom est effacé cessera ipso facto d'être membre du Club. Aucune recommandation à cet effet ne sera envoyée à aucun membre à moins que la résolution pour l'envoyer ait été convenue par les deux tiers des membres du Comité présents qui devront tous avoir été invités expressément à cette fin.

ARTICLE 18. Tout membre qui se retire, donne sa démission ou est expulsé cessera d'être membre du Club et perdra, ipso facto, tout droit ou prétention à un tel droit ou à la propriété de fonds. Tout membre expulsé sera à perpétuité inéligible à être réadmis à titre de membre du Club.

ARTICLE 19. Toutes les affaires du Club seront soumises à un Comité comprenant vingt et un membres, dont sept seront élus pour une année lors de l'Assemblée Générale du Club qui aura lieu le premier mercredi de mars de chaque année et à cette fin, ledit Comité aura les pleins pouvoirs d'élaborer de temps à autre des règlements comme il le juge utile, pourvu qu'ils soient conformes à la Constitution.

ARTICLE 20. Parmi les quatorze anciens membres qui demeureront en poste, sept devront quitter l'année suivante et les sept autres l'année d'après, ainsi aucun membre ne siégera au Comité plus de trois ans sans être réélu. Chaque année, le Comité sélectionnera les membres qui doivent se retirer lors d'une réunion avant la date de l'élection.

ARTICLE 21. Si un membre élu pour siéger au Comité donne sa démission, ou qu'un poste se libère à la suite d'un décès, le Comité aura le pouvoir de choisir un membre qualifié pour le remplacer jusqu'à l'assemblée annuelle suivante. Le membre devra alors quitter son poste, mais pourra le récupérer en se faisant réélire.

ARTICLE 22. Le Comité Exécutif se réunira chaque mercredi à 16 heures pour traiter des affaires courantes. Le quorum est fixé à trois membres.

ARTICLE 23. Le Comité Exécutif a pour devoir de prendre connaissance immédiatement de toute infraction à la Constitution ou aux Règlements du Club.

ARTICLE 24. Il y aura deux réunions officielles du Club. La première est convoquée le premier mercredi de mars en vue d'élire les nouveaux membres du Comité pour l'année

ART 23. IT shall be the duty of the Executive Committee to take immediate cognizance of any infraction of the Constitution or Regulations of the Club.

ART 24. There shall be two seated meetings of the Club, one of which shall be held on the first Wednesday in March, for the purpose of electing new members of the Committee for the ensuing year, at which meeting it shall be the duty of the Committee to present a report and abstract of the state of accounts and general concerns of the Club for the past year, together with an estimate of the receipts and disbursements of the current year, which report and estimate shall immediately thereafter be printed and distributed amongst all the members, if requested by a majority of the General Meeting at which meeting any member wishing to propos any change, addition or alteration in the Rules and Regulations, may give notice thereof. Two Auditors shall be elected at each Annual Meeting, who shall examine the accounts from time to time, and report thereon at the next Annual Meeting. The other meeting shall be held on the Wednesday forenight for the purpose of deciding on such propositions as may have been submitted at the former meetings; and the Chair shall be taken at all meetings at four o'clock.

ART 25. The Committee shall have power at all times to convene an extraordinary meeting of the Club on giving fourteen days' notice, to be posted during that period in the Coffee Room of the Club, specifying the object of such meeting, in the form of a resolution; at which meeting no subject shall be discussed beyond that specified in the notice. By twenty qualified members will be required in order to constitute any such extraordinary meeting.

ART 26. The Club-House shall be open every day for the reception of members, at seven o'clock in the forenoon, in the summer and eight o'clock in the forenoon, in the winter, and shall be closed and the lights extinguished at one A.M., except on Saturdays and Sundays, and also upon any night when no member is in the house at the hour, when the hour of closing shall be midnight; and no member shall be admitted into the Club after these hours on any pretence whatever, unless specially authorized by the Committee.

ART 27. No member shall, on any pretence or in any manner whatsoever, receive any profit or in any manner whatsoever, receive any profit, salary or emolument from the funds of the Club; nor shall any member give any money or gratuity to any of the servants of the establishment, upon any pretence whatever. It being understood that this rule is not intended to preclude any member of the Club from selling property, or goods, or stocks, or other money securities to the Club, or buying any of the same from the Club.

suivante. Au cours de cette assemblée, le Comité a le devoir de présenter un rapport et un résumé de l'état des comptes et des affaires générales du Club pour l'année écoulée, ainsi qu'une estimation des sommes reçues et versées pour l'année en cours. Lesdits rapport et estimation seront imprimés immédiatement après et distribués à tous les membres, si la majorité des participants à l'Assemblée Générale le demandent. Au cours de cette dite Assemblée, tout membre qui souhaite proposer un changement, un ajout ou une modification aux Règlements peut en manifester l'intention. Deux Vérificateurs seront élus lors de l'Assemblée Annuelle pour examiner les comptes de temps à autre et en faire un rapport lors de l'Assemblée Annuelle suivante. L'autre réunion se tiendra deux semaines plus tard, le mercredi, en vue de prendre des décisions concernant les propositions soumises lors de l'assemblée précédente. Chaque assemblée débutera à 16 heures.

ARTICLE 25. Le Comité aura le pouvoir de convoquer en tout temps une réunion extraordinaire du Club en donnant un préavis de quatorze jours et en affichant l'annonce au cours de cette période dans la Salle de café du Club en précisant l'objet de ladite réunion sous forme de résolution. Lors de cette réunion, aucun autre sujet que celui mentionné dans l'avis ne sera abordé. Environ vingt membres qualifiés seront nécessaires afin de constituer une telle réunion extraordinaire.

ARTICLE 26. L'Immeuble du Club est ouvert tous les jours pour recevoir les membres à compter de sept heures en été et de huit heures en hiver. Les lampes seront éteintes et il fermera à une heure du matin, sauf les samedis et dimanches, ainsi que les soirs où aucun membre n'est présent, lorsque l'heure de fermeture sera minuit. Aucun membre n'est admis dans le Club après ces heures, sous quelque prétexte que ce soit à moins d'en avoir obtenu au préalable l'autorisation du Comité.

ARTICLE 27. Aucun membre, sous quelque prétexte ou de quelque façon que ce soit, ne pourra tirer profit ni recevoir de quelconque manière un salaire ou des émoluments provenant des fonds du Club. De plus, aucun membre ne peut donner d'argent ou de pourboire aux domestiques de l'établissement, quel que soit le prétexte. Il est entendu que ce règlement ne concerne pas l'interdiction pour un membre du Club de vendre une propriété, un bien, des actions ou autres valeurs monétaires au Club, ni de les acheter du Club.

ARTICLE 28. Aucun membre ne peut emporter hors du Club, sous quelque prétexte que ce soit, un journal, un dépliant, un livre, une carte géographique ou tout autre article appartenant à l'Institution, à moins de respecter les conditions déterminées par le Comité.

ARTICLE 29. Aucun domestique du Club ne doit être envoyé faire des courses à l'extérieur du Club sous quelque prétexte que ce soit.

ART 28. No member shall take away from the Club, upon any pretence whatsoever, any newspaper, pamphlet, book, map or other article, the property of the Institution, unless upon such terms as may be decided upon by the Committee.

ART 29. No servant of the Club shall be sent out of the house upon any errands, on any presence whatever.

ART 30. No provisions cooked in the Club-House, or wines or other liquors, to be sent out of the House, unless upon such terms as may be decided upon by the Committee.

ART 31. Any cause of complaint that may arise, is to be written and signed by the member so complaining, on his bill; which complaint must be specifically noticed by the Committee, on settling the weekly accounts; and any inattention or improper conduct of a servant is to be stated by letter, under the signature of such member, which being put in the Secretary's box, must be laid before the Committee, at their next weekly meeting.

ART 32. All members are to pay their bills, for every expense they incur in the Club, before they leave the house.

ART 33. No game shall on any account, be played for money, except Whist, Ecarté, Piquet, and Pool; nor Dice used in the Club-House, except at Backgammon. No higher stake than quarter dollar points shall be played for at Whist, nor shall any bet exceed one dollar; the games of Ecarté, Piquet, and Pool to be played for limited stakes, the limited to be fixed by the Committee.

ART 34. No smoking shall be permitted in the Club-House, except in the rooms set apart for that purpose.

ART 35. No member is on any account to bring a dog into the Club-House.

ART 36. Any article of this constitution may be altered, amended, or suspended for any length of time, by the consent of two-thirds of the members present at any meeting specially convened for that purpose; and provided such alteration, amendment or suspension, shall have been specified in the notice summoning such meeting, and that at such meeting twenty members at least be present.

ART 37. The payment of the subscription fee, or the entrance fee and subscription, shall be held to be an acceptance of the rules and agreement to comply therewith.

ART 38. The foregoing shall be printed and distributed to each member.

ART 39. The committee of Management are authorized to invite His Excellency the Governor General, or the Administrator of the Province for the time being, to become an Honorary Member of the Club.

ARTICLE 30. Aucun repas préparé dans l'enceinte du Club, aucune bouteille de vin ni aucun alcool ne peuvent être emportés hors du Club, à moins que le Comité en ait décidé autrement.

ARTICLE 31. Tout motif de plainte qui pourrait survenir doit être expliqué par écrit et signé par le membre plaignant sur sa facture. Le Comité doit prendre connaissance de ces plaintes en révisant les comptes hebdomadaires et toute inattention ou conduite déplacée d'un domestique doit être notée dans une lettre signée par le membre et déposée dans la boîte du Secrétaire pour être présentée aux membres du Comité lors de leur réunion hebdomadaire suivante.

ARTICLE 32. Tous les membres doivent régler leur facture comportant toutes les dépenses encourues au Club avant de quitter les lieux.

ARTICLE 33. Aucun jeu ne doit en aucun cas être joué contre de l'argent, à l'exception du Whist, de l'Écarté, du Piquet et du Billard. Les jeux de dés sont interdits dans l'enceinte du Club, à l'exception du Backgammon. Au Whist, les mises ne peuvent pas dépasser un quart de dollar par point, et aucune mise ne doit dépasser un dollar. Les mises aux jeux d'Écarté, de Piquet et de Billard sont limitées et cette limite est fixée par le Comité.

ARTICLE 34. Il est interdit de fumer dans l'enceinte du Club, sauf dans les pièces prévues à cet effet.

ARTICLE 35. Aucun membre ne peut amener un chien au Club, sous aucun prétexte.

ARTICLE 36. Tout article de cette constitution peut être modifié, amendé ou abrogé pour n'importe quelle durée avec le consentement des deux tiers des membres présents lors de n'importe quelle réunion spécialement convoquée à cet effet et à la condition que la modification, l'amendement ou l'abrogation ait été mentionné dans l'avis de convocation de ladite réunion et qu'au moins vingt membres soient présents à ladite réunion.

ARTICLE 37. En payant sa cotisation seule, ou ses frais d'adhésion et sa cotisation, le Membre accepte le règlement et accepte de s'y conformer.

ARTICLE 38. Le texte ci-dessus doit être imprimé et distribué à chaque membre.

ARTICLE 39. Le Comité de Gestion est autorisé à inviter Son Excellence le Gouverneur Général ou l'Administrateur de la Province en poste à devenir Membre Honoraire du Club.

## INTRODUCTION

1. Amy Milne-Smith, *London Clubland: A Cultural History of Gender and Class in Late Victorian Britain* (New York: Palgrave Macmillan, 2011), 18.

2. Milne-Smith, *London Clubland*, 5.

3. Milne-Smith, *London Clubland*, 5.

4. Amy Milne-Smith, "A Flight to Domesticity? Making a Home in the Gentlemen's Clubs of London, 1880–1914," *Journal of British Studies* 45, no. 4 (2006): 808.

5. Milne-Smith, "A Flight to Domesticity?" 797.

6. Barbara Black, "The Pleasure of Your Company in Late-Victorian Club Land," *Nineteenth-Century Contexts* 32, no. 4 (2010): 282.

7. Anthony Lejeune, *The Gentlemen's Clubs of London* (London: Dorset Press, 1984), 10.

8. Milne-Smith, *London Clubland*, 13.

9. Lawrence Burpee, "The Beaver Club," *Canadian Historical Association 1924 Annual Report* (Toronto: University of Toronto Press, 1924): 75.

## CHAPTER ONE

1. Wilfrid Eggleston, *The Queen's Choice: A Story of Canada's Capital* (Ottawa: Queen's Printer, 1961), 103.

2. Black, "The Pleasure of Your Company," *Nineteenth-Century Contexts* 32, no. 4 (2010): 284.

3. Eggleston, *The Queen's Choice*, 134.

4. Eggleston, *The Queen's Choice*, 143.

5. Anthony Trollope, *North America* (New York: Harper Brothers, 1862), 1:68, 72.

6. Lejeune, *The Gentlemen's Clubs*, 12.

7. J.M.S. Careless, ed., *The Pre-Confederation Premiers* (Toronto: University of Toronto Press, 1980), 212.

8. Peter A. Russell, Attitudes to Social Structure and Mobility in Upper Canada, 1815–1840 (Lewiston: Edwin Mellen Press, 1989), 101.

9. Eggleston, The Queen's Choice, 143.

10. Milne-Smith, "A Flight to Domesticity?" 797.

11. Trollope, North America 1:70.

## CHAPTER TWO

1. Article 2, *Constitution and Rules, Rideau Club*, 1887.

2. *Constitution and Rules, Rideau Club*, 1887.

3. Lejeune, *The Gentlemen's Clubs*, 13.

## INTRODUCTION

1. Amy Milne-Smith, *London Clubland: A Cultural History of Gender and Class in Late Victorian Britain*, New York, Palgrave Macmillan, 2011, p. 18 [traduction libre].

2. *Ibid.*, p. 5 [traduction libre].

3. *Ibid.*

4. Amy Milne-Smith, « A Flight to Domesticity? Making a Home in the Gentlemen's Clubs of London, 1880–1914 », *Journal of British Studies*, vol. 45, nᵒ 4 (2006), p. 808.

5. *Ibid.*, p. 797.

6. Barbara Black, « The Pleasure of Your Company in Late-Victorian Club Land », *Nineteenth-Century Contexts*, vol. 32, nᵒ 4 (2010), p. 282 [traduction libre].

7. Anthony Lejeune, *The Gentlemen's Clubs of London*, Londres, Dorset Press, 1984, p. 10 [traduction libre].

8. Amy Milne Smith, *London Clubland*, p. 13.

9. Lawrence Burpee, « The Beaver Club », *Canadian Historical Association 1924 Annual Report*, Toronto, University of Toronto Press, 1924, p. 75 [traduction libre].

## CHAPITRE UN

1. Wilfrid Eggleston, *The Queen's Choice: A Story of Canada's Capital*, Ottawa, Queen's Printer, 1961, p. 103.

2. Barbara Black, « The Pleasure of Your Company in Late-Victorian Club Land », p. 284 [traduction libre].

3. Wilfrid Eggleston, *The Queen's Choice*, p. 134 [traduction libre].

4. Wilfrid Eggleston, *The Queen's Choice, Ibid.*, p. 143 [traduction libre].

5. Anthony Trollope, *North America, vol. 1*, New York, Harper Brothers, 1862, p. 68 et 72 [traduction libre].

6. Anthony Lejeune, *The Gentlemen's Clubs of London*, p. 12.

7. J.M.S. Careless, éd., *The Pre-Confederation Premiers*, Toronto, University of Toronto Press, 1980, p. 212 [traduction libre].

8. Peter A. Russell, *Attitudes to Social Structure and Mobility in Upper Canada, 1815–1840*, Lewiston, Edwin Mellen Press, 1989, p. 101 [traduction libre].

9. Wilfrid Eggleston, *op.cil., The Queen's Choice*, p. 143 [traduction libre].

4. *Constitution and Rules, Rideau Club,* 1887.

5. Minutes of the Executive Committee of the Rideau Club, December 13, 1871.

6. Joseph Pope, *Public Servant: The Memoirs of Sir Joseph Pope* (London: Oxford University Press, 1960), 32.

7. *Mail and Empire* (Toronto), October 20 1897.

8. *Ottawa Citizen,* August 15, 1925.

## CHAPTER THREE

1. John B. Simpson, *Memorials of the Late Civil Service Rifle Corps* (Ottawa: Hunter and Rose Printers, 1867), 93.

2. Maurice A. Pope, *Soldiers and Politicians: The Memoirs of Lieutenant-General Maurice A. Pope* (Toronto: University of Toronto Press, 1962), 255–56.

## CHAPTER FOUR

1. The Albany Club, *Bylaws and Rules,* 1889.

2. Lejeune, *The Gentlemen's Clubs,* 19.

3. Charles Lynch, *Up from the Ashes: The Rideau Club Story* (Ottawa: University of Ottawa Press, 1990), 99.

4. Lynch, *Up from the Ashes,* 106.

5. Bruce Muirhead, *Against the Odds: The Public Life and Times of Louis Rasminsky* (Toronto: University of Toronto Press, 1999), 221.

6. Milne-Smith, *London Clubland,* 14.

7. Anthony P.C. Adamson, *Architectural Appreciation of the Rideau Club* (March 1981), 7.

8. *Ottawa Journal,* February 3, 1978.

9. Rideau Club, Minute of the Committee, May 4, 1978.

10. Rideau Club Membership Report (1979), 24.

11. Rideau Club Membership Report (1979), 24.

12. Club Minutes. Rideau Club Membership Report (1979), 24.

## CHAPTER FIVE

1. Order-in-Council, September 12, 1913.

2. David W. Scott Papers, D. Gordon Blair to W.M. Weeks, Director of Property, Department of Justice, October 28, 1975.

3. John W. Scott, *Rideau Club 30 Years Ago: The Expropriation Process: the Fire; the Trail & A New Beginning,*

4. Scott, *Rideau Club 30 Years Ago,* 2.

10. Amy Milne-Smith, « A Flight to Domesticity? », p. 797 [traduction libre].

11. Anthony Trollope, *North America, vol. 1,* p. 70.

## CHAPITRE DEUX

1. *Constitution and Rules, Rideau Club,* 1887, article II, p. 2 [traduction libre].

2. *Ibid.*

3. Anthony Lejeune, *The Gentlemen's Clubs of London,* p. 13.

4. *Constitution and Rules, Rideau Club,* 1887 [traduction libre].

5. Procès-verbal de la réunion du Comité exécutif du Rideau Club tenue le 13 décembre 1871 [traduction libre].

6. Joseph Pope, *Public Servant: The Memoirs of Sir Joseph Pope,* Londres, Oxford University Press, 1960, p. 32 [traduction libre].

7. *Mail and Empire* (Toronto), le 20 octobre 1897 [traduction libre].

8. *Ottawa Citizen,* le 15 août 1925 [traduction libre].

## CHAPITRE TROIS

1. John B. Simpson, *Memorials of the Late Civil Service Rifle Corps,* Ottawa, Hunter and Rose Printers, 1867, p. 93 [traduction libre].

2. Maurice A. Pope, *Soldiers and Politicians: The Memoirs of Lieutenant-General Maurice A. Pope,* Toronto, University of Toronto Press, 1962, p. 255–256 [traduction libre].

## CHAPITRE QUATRE

1. The Albany Club, *Bylaws and Rules,* 1889 [traduction libre].

2. Anthony Lejeune, *The Gentlemen's Clubs of London,* p. 19 [traduction libre].

3. Charles Lynch, *Up from the Ashes: The Rideau Club Story,* Ottawa, University of Ottawa Press, 1990, p. 99 [traduction libre].

4. *Ibid.,* p. 106 [traduction libre].

5. Bruce Muirhead, *Against the Odds: The Public Life and Times of Louis Rasminsky,* Toronto, University of Toronto Press, 1999, p. 221.

6. Amy Milne-Smith, *London Clubland,* p. 14.

7. Anthony P.C. Adamson, *Architectural Appreciation of the Rideau Club,* mars 1981, p. 7 [traduction libre].

8. *Ottawa Journal,* le 3 février 1978.

## CHAPTER SIX

1. *Daily Citizen* (Ottawa), February 10, 1876.
2. John Fraser, *Appraisal of the Rideau Club* (January 1974), 6.
3. Lynch, *Up from the Ashes*, 3.

## CHAPTER NINE

1. Rideau Club, Minute of the Committee, August 20, 1901.

## CHAPTER TEN

1. Minute Book of the Executive Committee of the Rideau Club, June 24, 1909.
2. Minutes of the Board of Directors, October 29, 1998.
3. Office of the Secretary to the Governor General, *Public Register of Arms, Flags and Badges of Canada* (August 30, 2000), 4:41.

## CHAPTER ELEVEN

1. Rideau Club, Board of Directors' Meeting, June 18, 1990.
2. Emmanuel Somers, *Members' Gallery* (Fall 2003).

9. Procès-verbal de la réunion du conseil d'administration du Rideau Club tenue le 4 mai 1978 [traduction libre].
10. *Rideau Club Membership Report*, 1979, p. 24 [traduction libre].
11. *Ibid.* [traduction libre].
12. Procès-verbal de la réunion du comité des membres du Club, 1979, p. 24, [traduction libre].

## CHAPITRE CINQ

1. Décret, le 12 septembre 1913 [traduction libre].
2. Archives de David W. Scott, lettre de D. Gordon Blair adressée à W.M. Weeks, directeur de la gestion des immeubles, ministère de la Justice, le 28 octobre 1975 [traduction libre].
3. John W. Scott, *Rideau Club 30 Years Ago: The Expropriation Process: the Fire; the Trail & A New Beginning*, p. 4 [traduction libre].
4. *Ibid.*, p. 2 [traduction libre].

## CHAPITRE SIX

1. *Daily Citizen* (Ottawa), le 10 février 1876 [traduction libre].
2. John Fraser, *Appraisal of the Rideau Club*, janvier 1974, p. 6 [traduction libre].
3. Charles Lynch, *Up from the Ashes*, p. 3 [traduction libre].

## CHAPITRE NEUF

1. Procès-verbal de la réunion du comité exécutif du Rideau Club tenue le 20 août 1901 [traduction libre].

## CHAPITRE DIX

1. Procès-verbal de la réunion du comité exécutif du Rideau Club tenue le 24 juin 1909 [traduction libre].
2. Procès-verbal de la réunion du conseil d'administration du Rideau Club tenue le 29 octobre 1998.
3. Bureau du secrétaire du gouverneur général du Canada, *Registre public des armoiries, drapeaux et insignes*, le 30 août 2000, vol. IV, p. 41.

## CHAPITRE ONZE

1. Procès-verbal de la réunion du conseil d'administration du Rideau Club tenue le 18 juin 1990 [traduction libre].
2. Emmanuel Somers, *Members' Gallery* (automne 2003) [traduction libre].

# BIBLIOGRAPHY

# BIBLIOGRAPHIE

Rideau Club Papers and Archives

Library and Archives Canada

*Act of Incorporation and Amendments, Constitution, Regulations and List of Members of the St. James's Club of Montreal*, 1907.

*Constitution, Regulations and List of Members of the St. James's Club of Montreal*, 1858.

BLACK, Barbara. "The Pleasure of Your Company in Late-Victorian Club Land." *Nineteenth-Century Contexts* 32, no. 4 (2010): 281–304.

BURPEE, Lawrence. "The Beaver Club." *Canadian Historical Association 1924 Annual Report* (Toronto: University of Toronto Press, 1924): 73–92.

CARELESS, J.M.S., ed. *The Pre-Confederation Premiers.* Toronto: University of Toronto Press, 1980.

EGGLESTON, Wilfrid. *The Queen's Choice: A Story of Canada's Capital.* Ottawa: Queen's Printer, 1961.

FINSTEN, Lucile, and Jane VARKARIS. *Fire on Parliament Hill!* Toronto: Boston Mills Press, 1988.

GRANATSTEIN, Jack. *The Ottawa Men: The Civil Service Mandarins, 1935–1957.* Toronto: Oxford University Press, 1982.

GYWN, Sandra. *The Private Capital: Ambition and Love in the Age of Macdonald and Laurier.* Toronto: McClelland & Stewart, 1985.

LEJEUNE, Anthony. *The Gentlemen's Clubs of London.* London: Dorset Press, 1984.

LITTLE, Charles H. *The Rideau Club: A Short History: The First Hundred Years, 1865–1965.* Ottawa: The Rideau Club, 1965.

LYNCH, Charles. *Up from the Ashes: The Rideau Club Story.* Ottawa: University of Ottawa Press, 1990.

MILNE-SMITH, Amy. *London Clubland: A Cultural History of Gender and Class in Late Victorian Britain.* New York: Palgrave Macmillan, 2011.

---. "A Flight to Domesticity? Making a Home in the Gentlemen's Clubs of London, 1880–1914." *Journal of British Studies* 45, no. 4 (2006) 796–818.

MUIRHEAD, Bruce. *Against All Odds: The Public Life and Times of Louis Rasminsky.* Toronto: University of Toronto Press, 1999.

PEACOCK, Martin, and Derren Selvarajah. "Space I Can Call My Own: Private Social Clubs in London." *International Journal of Contemporary Hospitality Management* 12, no. 4 (2000): 234–39.

Documents et archives du Rideau Club

Bibliothèque et Archives Canada

*Act of Incorporation and Amendments, Constitution, Regulations and List of Members of the St. James's Club of Montreal*, 1907.

*Constitution, Regulations and List of Members of the St. James's Club of Montreal*, 1858.

BLACK, Barbara. « The Pleasure of Your Company in Late-Victorian Club Land », *Nineteenth-Century Contexts*, vol. 32, nº 4 (2010), p. 281–304.

BURPEE, Lawrence. « The Beaver Club », *Canadian Historical Association 1924 Annual Report*, Toronto, University of Toronto Press, 1924, p. 73–92.

CARELESS, J.M.S., éd. *The Pre-Confederation Premiers: Ontario Government Leaders 1841–1867*, Toronto, University of Toronto Press, 1980, 340 p.

EGGLESTON, Wilfrid. *The Queen's Choice: A Story of Canada's Capital*, Ottawa, Queen's Printer, 1961, 325 p.

FINSTEN, Lucile, et Jane VARKARIS. *Fire on Parliament Hill!*, Erin (Ontario), Boston Mills Press, 1988, 83 p.

GRANATSTEIN, Jack. *The Ottawa Men: The Civil Service Mandarins, 1935–1957*, Toronto, Oxford University Press, 1982, 333 p.

GWYN, Sandra. *The Private Capital: Ambition and Love in the Age of Macdonald and Laurier*, Toronto, McClelland & Stewart, 1985, 514 p.

LEJEUNE, Anthony. *The Gentlemen's Clubs of London*, Londres, Dorset Press, 1984, 296 p.

LITTLE, Charles H. *The Rideau Club: A Short History: The First 100 Years, 1865–1965*, Ottawa, Rideau Club, 1965, 68 p.

LYNCH, Charles. *Up from the Ashes: The Rideau Club Story*, Ottawa, University of Ottawa Press, 1990, 158 p.

MILNE-SMITH, Amy. *London Clubland: A Cultural History of Gender and Class in Late Victorian Britain*, New York, Palgrave Macmillan, 2011, 296 p.

---. « A Flight to Domesticity? Making a Home in the Gentlemen's Clubs of London, 1880–1914 », *Journal of British Studies*, vol. 45, nº 4 (2006), p. 796–818.

MUIRHEAD, Bruce. *Against All Odds: The Public Life and Times of Louis Rasminksy*, Toronto, University of Toronto Press, 1999.

PEACOCK, Martin, et Derren SELVARAJAH. « Space I Can Call My Own: Private Social Clubs in London »,

POPE, Joseph. *Public Servant:The Memoirs of Sir Joseph Pope*. London: Oxford University Press, 1960.

---. *The Tour of Their Royal Highnesses the Duke and Duchess of Cornwall and York through the Dominion of Canada in the Year 1901*. Ottawa: Dawson Press, 1903.

POPE, Maurice A. *Soldiers and Politicians: The Memoirs of Lieutenant-General Maurice A. Pope*. Toronto: University of Toronto Press, 1962.

RUMBALL, Donald. *The University Club of Toronto: Its Life, Its Times, 1906–2006*. Toronto: University Club of Toronto, 2008.

RUSSELL, Peter A. *Attitudes to Social Structure and Mobility in Upper Canada, 1815–1840*. Lewiston: Edwin Mellen Press, 1989.

SIMPSON, John B. *Memorials of the Late Civil Service Rifle Corps*. Ottawa: Hunter and Rose Printers, 1867.

TROLLOPE, Anthony. *North America*. Vol. 1. New York: Harper Brothers, 1862.

YOUNG, Carolyn. *The Glory of Ottawa: Canada's First Parliament Buildings*. Montreal: McGill-Queen's University Press, 1995.

*International Journal of Contemporary Hospitality Management*, vol. 12, nº 4 (2000), p. 234–239.

POPE, Joseph. *Public Servant: The Memoirs of Sir Joseph Pope*, Londres, Oxford University Press, 1960.

---. *The Tour of Their Royal Highnesses the Duke and Duchess of Cornwall and York through the Dominion of Canada in the Year 1901*, Ottawa, Dawson Press, 1903, 372 p.

POPE, Maurice A. *Soldiers and Politicians: The Memoirs of Lieutenant-General Maurice A. Pope*, Toronto, University of Toronto Press, 1962, 462 p.

RUMBALL, Donald. *The University Club of Toronto: Its Life, Its Times, 1906–2006*, Toronto, University Club of Toronto, 2008, 325 p.

RUSSELL, Peter A. *Attitudes to Social Structure and Mobility in Upper Canada, 1815–1840*, Lewiston, Edwin Mellen Press, 1989.

SIMPSON, John B. *Memorials of the Late Civil Service Rifle Corps*, Ottawa, Hunter and Rose Printers, 1867, 118 p.

TROLLOPE, Anthony. *North America*, New York, Harper Brothers, 1862, vol. 1.

YOUNG, Carolyn. *The Glory of Ottawa: Canada's First Parliament Buildings*, Montreal, McGill-Queen's University Press, 1995, 204 p.

# PHOTO CREDITS

**INTRODUCTION:**

xviii, xix (both images), xx, Author Photo, *London Illustrated News*; xxi, Art Gallery of Nova Scotia

**CHAPTER 1:**

2, McCord Museum, N-0000.193.280.1; 3, Author Collection; 4, Rideau Club Collection; 5, Author Collection; 6, Author Photo; 7, McCord Museum, I-5312; 9, Author Collection; 10 (all images), Rideau Club Collection; 11, McCord Museum, M993.154.60; 12, Rideau Club Collection; 13, Author Photo, Rideau Club Collection.

**CHAPTER 2:**

15 Author Photos, Rideau Club Collection; 16, Library and Archives Canada; 17 (both images) Author Photo, Rideau Club Collection; 18, McCord Museum, I-5632; 19, Rideau Club Collection; 20, Author Collection; 21 (top), Author Collection; 21 (bottom), Rideau Club Collection; 23, The Thomas Fisher Rare Book Library, University of Toronto; 24, Author Collection; 26, McCord Museum I-7383.1

**CHAPTER 3:**

28 (left), Author Photo, Rideau Club Collection; 28 (right), Clive Law Collection; 29, Cameron Highlanders of Ottawa; 30, Clive Law Collection; 31, Author Collection; 32, Christian Corbet, Photographic Restoration; 33, Author Collection; 35, Rideau Club Collection, Alain G. Dagenais; 36, Author Collection; 37, Rideau Club Collection, Alain G. Dagenais

**CHAPTER 4:**

40, Author Photo, Rideau Club Collection; 41, Rideau Club Collection; 42, Ottawa Jewish Archives, 1-603-01; 44 (both images), Rideau Club Collection; 46, John Evans, Rideau Club Collection; 47 (top), Ottawa Jewish Archives, 19-086-03; 47 (bottom), Ottawa Jewish Archives, 1-456; 48, Author Photo, Rideau Club Collection; 49, Author Photo, Rideau Club Collection; 50, John Evans, Rideau Club Collection; 51, McCord Museum I-18564.1; 52, Ottawa *Citizen*; 54, Line drawing by Alex Nankivell; 55, Rideau Club Collection; 56, Rideau Club Collection

**CHAPTER 5:**

58, © House of Commons Collection, Ottawa; 59, Rideau Club Collection; 60 (both images), Author Photo, Rideau

# RÉFÉRENCES PHOTOGRAPHIQUES

**INTRODUCTION :**

xviii, xix et xx, photos de l'auteur, *London Illustrated News*; xxi, Musée des beaux arts de la Nouvelle-Écosse

**CHAPITRE 1 :**

2, Musée McCord, N-0000.193.280.1; 3, collection de l'auteur; 4, collection du Rideau Club; 5, collection de l'auteur; 6, photo de l'auteur; 7, Musée McCord, I-5312; 9, collection de l'auteur; 10, collection du Rideau Club; 11, Musée McCord, M993.154.60; 12, collection du Rideau Club; 13, photo de l'auteur, collection du Rideau Club

**CHAPITRE 2 :**

15, photos de l'auteur, collection du Rideau Club; 16, Bibliothèque et Archives Canada; 17, photos de l'auteur, collection du Rideau Club; 18, Musée McCord, I-5632; 19, collection du Rideau Club; 20, collection de l'auteur; 21 (haut), collection de l'auteur; 21 (bas), collection du Rideau Club; 23, The Thomas Fisher Rare Book Library, Université de Toronto; 24, collection de l'auteur; 26, Musée McCord I-7383.1

**CHAPITRE 3 :**

28 (gauche), photo de l'auteur, collection du Rideau Club; 28 (droite), collection de Clive Law; 29, Cameron Highlanders of Ottawa; 30, collection de Clive Law; 31, collection de l'auteur; 32, restauration de la photo : Christian Corbet; 33, collection de l'auteur; 35, Alain G. Dagenais, collection du Rideau Club; 36, collection de l'auteur; 37, Alain G. Dagenais, collection du Rideau Club

**CHAPITRE 4 :**

40, photo de l'auteur, collection du Rideau Club; 41, collection du Rideau Club; 42, Les Archives juives d'Ottawa, 1-603-01; 44, collection du Rideau Club; 46, John Evans, collection du Rideau Club; 47 (haut), Les Archives juives d'Ottawa, 19-086-03; 47 (bas), Les Archives juives d'Ottawa, 1-456; 48, photo de l'auteur, collection du Rideau Club; 49, photo de l'auteur, collection du Rideau Club; 50, John Evans, collection du Rideau Club; 51, Musée McCord I-18564.1; 52, Ottawa *Citizen*; 54, dessin au trait d'Alex Nankivell; 55, collection du Rideau Club; 56, collection du Rideau Club

Club Collection; 61, McCord Museum II-292610.0; 62, Author Photo, Rideau Club Collection; 63, Colin Price Photos, Ottawa; 64, Courtesy of Canadian Press; 65, John Evans, Rideau Club Collection; 66, Author Photo, Rideau Club Collection; 68, Gordon Metcalfe.

## CHAPTER 6:

70, Ottawa *Citizen*; 71, Author Photo, Rideau Club Collection; 72, John Evans, Rideau Club Collection; 73, John Evans, Rideau Club Collection; 74, Rideau Club Collection; 75, Ottawa *Citizen*; 76 (top), Gordon Metcalfe; 76 (bottom), Ottawa *Citizen*; 77, Ottawa *Citizen*

## CHAPTER 7:

79 (top), Ottawa *Citizen*; 79 (bottom), Author Photo, Rideau Club Collection; 80, Rideau Club Collection; 81, Denis Coolican Collection; 82 Rideau Club Collection; 84, Rideau Club Collection; 85, Rideau Club Collection; 86, Rideau Club Collection; 87, Author Photo, Rideau Club Collection

## CHAPTER 8:

89 (top), Author Photo; 89 (middle and bottom), Alain G. Dagenais, Rideau Club Collection; 90, Courtesy of Lucinda (Cindy) Boucher, daughter of Charles Lynch; 91, Estrellita Karsh Collection; 92, Rideau Club Collection; 93 (top), Alain G. Dagenais, Rideau Club Collection; 93 (bottom), Rideau Club Website Photo; 94, Rideau Club Collection; 95 (top), Alain G. Dagenais, Rideau Club Collection; 95 (bottom) Rideau Club Website Photo

## CHAPTER 9:

98 (both images), Author Photo, Rideau Club Collection; 99 (top), John St. Lander; 99 (bottom), McCord Museum VIEW-6737; 100 (top), McCord Museum VIEW-6738; 100 (bottom), McCord Museum MP-0000.836.1; 101, Author Photos, Rideau Club Collection; 104, Author Photos, Rideau Club Collection

## CHAPTER 10:

106, Author Photos; 107 (top), Author Photo; 107 (bottom), Gordon Metcalfe; 107 (inset), Author Photo; 108, Library and Archives Canada; 109, Author Photos, Rideau Club Collection; 110, Alain G. Dagenais, Rideau Club Collection; 111, Scott Burke Collection; 112, Library and Archives Canada; 113, Rideau Club Collection; 114, Rideau Club Collection

## CHAPITRE 5 :

58, © collection de la Chambre des communes, Ottawa; 59, collection du Rideau Club; 60, photos de l'auteur, collection du Rideau Club; 61, Musée McCord II-292610.0; 62, photo de l'auteur, collection du Rideau Club; 63, Colin Price Photos, Ottawa; 64, gracieuseté de la Presse canadienne; 65, John Evans, collection du Rideau Club; 66, photo de l'auteur, collection du Rideau Club; 68, Gordon Metcalfe

## CHAPITRE 6 :

70, Ottawa *Citizen*; 71, photo de l'auteur, collection du Rideau Club; 72, John Evans, collection du Rideau Club; 73, John Evans, collection du Rideau Club; 74, collection du Rideau Club; 75, Ottawa *Citizen*; 76 (haut), Gordon Metcalfe; 76 (bas), Ottawa *Citizen*; 77, Ottawa *Citizen*

## CHAPITRE 7 :

79 (haut), *Ottawa Citizen*; 79 (bas), photo de l'auteur, collection du Rideau Club; 80, collection du Rideau Club; 81, collection de Denis Coolican; 82, collection du Rideau Club; 84, collection du Rideau Club; 85, collection du Rideau Club; 86, collection du Rideau Club; 87, photo de l'auteur, collection du Rideau Club

## CHAPITRE 8 :

89 (haut), photo de l'auteur; 89 (milieu et bas), Alain G. Dagenais, collection du Rideau Club; 90, gracieuseté de Lucinda (Cindy) Boucher, fille de Charles Lynch; 91, collection d'Estrellita Karsh; 92, collection du Rideau Club; 93 (haut), Alain G. Dagenais, collection du Rideau Club; 93 (bas), site Web du Rideau Club; 94, collection du Rideau Club; 95 (haut), Alain G. Dagenais, collection du Rideau Club; 95 (bas), site Web du Rideau Club

## CHAPITRE 9 :

98, photos de l'auteur, collection du Rideau Club; 99 (haut), John St. Lander; 99 (bas), Musée McCord VIEW-6737; 100 (haut), Musée McCord VIEW-6738; 100 (bas), Musée McCord MP-0000.836.1; 101, photos de l'auteur, collection du Rideau Club; 104, photos de l'auteur, collection du Rideau Club

## CHAPITRE 10 :

106, photos de l'auteur; 107 (haut), photo de l'auteur; 107 (bas), Gordon Metcalfe; 107 (en médaillon), photo de l'auteur; 108, Bibliothèque et Archives Canada; 109, photos de l'auteur, collection du Rideau Club; 110, Alain G. Dagenais, collection du Rideau Club; 111, Scott Burke

**CHAPTER 11:**

116 (top), Author Photo; 116 (bottom), Gordon Metcalfe; 117, Alain G. Dagenais, Rideau Club Collection; 118, Alain G. Dagenais, Rideau Club Collection; 119, Author Photo, Rideau Club Collection; 121, Supreme Court of Canada, Andrew Balfour; 122, Rideau Club Website Photo; 123 (top), Photo composition by W.H. Stevens III; 123 (bottom), Alain G. Dagenais, Rideau Club Collection; 124, Rideau Club Collection; 125 (top) Rideau Club Collection; 125 (bottom), Rideau Club Website Photo; 126 (top), Alain G. Dagenais, Rideau Club Collection; 126 (bottom), Gordon Metcalfe; 127 (top) Sgt. Ronald Duchesne, Rideau Hall© Her Majesty The Queen in Right of Canada represented by the Office of the Secretary to the Governor General (2012); 127 (bottom) Rideau Club Website Photo; 128, Rideau Club Collection

**CONCLUSION:**

130, Gordon Metcalfe

**APPENDIX ONE:**

132, Library and Archives Canada; 134, Library and Archives Canada; 135, Rideau Club Website Photo

Collection; 112, Bibliothèque et Archives Canada; 113, collection du Rideau Club; 114, collection du Rideau Club

**CHAPITRE 11 :**

116 (haut), photo de l'auteur; 116 (bas), Gordon Metcalfe; 117, Alain G. Dagenais, collection du Rideau Club; 118, Alain G. Dagenais, collection du Rideau Club; 119, photo de l'auteur, collection du Rideau Club; 121, Cour suprême du Canada, Andrew Balfour; 122, site Web du Rideau Club; 123 (haut), photomontage de W.H. Stevens III; 123 (bas), Alain G. Dagenais, collection du Rideau Club; 124, collection du Rideau Club; 125 (haut) collection du Rideau Club; 125 (bas), site Web du Rideau Club; 126 (haut), Alain G. Dagenais, collection du Rideau Club; 126 (bas), Gordon Metcalfe; 127 (haut) serg. Ronald Duchesne, Rideau Hall ©Sa Majesté la Reine du chef du Canada représentée par le Bureau du secrétaire du gouverneur général (2012); 127 (bas), site Web du Rideau Club; 128, collection du Rideau Club

**CONCLUSION :**

130, Gordon Metcalfe

**ANNEXE UN :**

132, Bibliothèque et Archives Canada; 134, Bibliothèque et Archives Canada; 135, site Web du Rideau Club